元文部科学省キャリア官僚が問う！

教育改革を「改革」する。

元文部科学省
教育改革推進室専門調査官
寺田拓真

学事出版

はじめに

この本を手に取っていただき、ありがとうございます。寺田拓真と申します。

これまで、文部科学省でキャリア官僚として約10年間、広島県でも約10年間、基本的には「教育改革」の仕事をしてきました。国では、日本全体の教育改革のグランドデザインを描く仕事、広島では、「学びの変革」と銘打った教育改革や、広島叡智学園という全寮制公立中高一貫校の開校プロジェクトなどを担当してきました。また、全国でこれまで１００回以上、教育改革に関する講演や研修会の講師も務めてきており、自分のことを一言で表現するのなら**「教育改革者」**（Educational Reformer）ということになるんだろうと考えています。

さらに、２０２１年には、立命館アジア太平洋大学（ＡＰＵ）の特別研究員を務め、同年の8月から1年半、全米トップの教育大学院である[1]ミシガン大学教育大学院の修士課程に留学して、学習科学や教育テクノロジーについて学んできました（本書の原稿の多くは、アメリカで書いたものです）。自分でも相当変わった経歴だと思いますが、ここまで人生を教育改革（特に公立学校の改革）に捧げた人は少ないと思いますし、国・地方・世界という三つの視点から教育改革に取り組んできた人は、日本にほとんどいないのではないでしょうか。

1：U.S. News『*2023-2024 Best Graduate Schools in Education*』。コロンビア大学と同率1位で、スタンフォード大学は7位、ハーバード大学は9位。

そんな「教育改革者」の僕ですが、今の僕の願いはこうです。

『教育改革』をしない、教育行政官になりたい」

そもそも、僕には夢があります。それは、

「子どもの自殺をゼロにする」

ということ。皆さん、2022年に、何人の子どもたち（小中高校生）が日本で自殺したか、ご存じですか？

それは、**512人**[2]です。

つまり、一日一人、さらに言えば二日に三人に近いペースで、子どもたちが自ら命を絶っているんです。これって異常じゃないですか？　しかもこの数値は、減るどころか増加しており、

2：厚生労働省、警察庁の統計を基にした文部科学省まとめ

2022年が過去最高の人数です。

僕らが何の気なしに過ごしている毎日に、日本のどこかで一人か二人の子どもが、首を吊ったり、電車に飛び込んだりして、自殺している。このことを考えると、僕はいつも、胸が張り裂けそうな気持ちになります。

だってまだ、たかだか数年か、十数年しか生きてきていないわけです。その間に、世の中に絶望してしまう。そんな酷なことなんてないと思いませんか?


正直言って、僕個人としては、国際的な学力調査における日本の順位がどうなったとか、国内の学力調査の広島の順位がどうなったとか、そんなことは半分どうでもいいと思っています。そんなことよりも、僕は、とにかく子どもたちの自殺をゼロにしたいんです。

「毎日一人の子どもが自殺している」という事実は、教育に携わる人たちにとって、究極の「不祥事」だと思います。教師だけではなく、保護者はもちろん、地域の人たちも含めて。だって誰一人として、その子のことを救えなかったわけですから。

「どんな環境で生まれ育ったとしても、子どもたちが絶望しない社会を作ること」は、すべての大人たちの責任であり、また、「万一絶望してしまったとしても、もう一度希望を持たせられるような存在となること」は、すべての教育関係者の義務だと思うのです。

僕は、「学校」というのは、一言で言えば、子どもたちに「安心」と「成長」を提供する場だと考えています。そして、この二つは並列ではありません。まず「安心」、その上での「成長」。

子どもたちの自殺をゼロにするのは、学校だけでできることではありませんが、一方で、僕自身を含め、教育に仕事として関わる者は、ある意味では「最後の砦」として、「毎日一人の子どもが自殺している」という事実をとりわけ重く受け止め、自分たちがすべきこと、そしてできることとは何かを考えなくてはいけないと思っています。家にいるのがどんなにしんどくても、地域にも自分の居場所がなくても、学校に来れば安らげる。安心して、友達や先生と一緒に、成長できる。僕は学校をそんな場にしたいんです。

だから、僕の教育に対するビジョンは、一言で言うと次の通りです。

学校を、もっともっと「自由な場」に。

ここで、最初に書いた、『教育改革』をしない、教育行政官になりたい」に戻ります。20年近く教育改革の仕事を続けながら、ずっと感じてきた違和感があります。それは、教育改革を進めれば進めるほど、上記のゴールから遠ざかっていっているような気がするのです。「それは教育改革の中身と進め方次第なんじゃないか？」。そう思われた方も多いと思います。確かにそういう部分もあるとは思うのですが、何かそれだけではないような気もするのです。そしてアメリカに来て、この違和感の謎が解けました。

大学院のある授業で、僕は「教育行政官として、教育改革の仕事をしてきました」と自己紹介しました。すると、クラスメートの反応が、異常に冷たい。苦笑いをしているクラスメートさえいます。なので、授業が終わった後に、なぜなのか聞いてみました。彼らの回答は、次のようなものでした。

「ごめんごめん。でも、何で誇らしげに『私は教育改革をやってきました』って言うのかなって思って。**行政が主導する教育改革って、学校現場のリアリティからかけ離れていて、教師を振り回すだけのものってイメージが強いからさ。**教師は毎日、目の前の子どもたちのために改善を続けているわけでしょう？　でも、**行政が『教育改革』って言った瞬間、なんか自分たちの方にスポットライトを当てさせて、外へのアピールのために学校を使おうとしている感じがするんだよね。**うがった見方なんだけど、でもアメリカは特にそういう傾向が強いからさ。」

……そうか、そういうことだったのか。もちろん僕は、外へのアピールとか、自分が目立つために教育改革を行ってきたわけではありません。しかし、「教育改革」には、こうした問題が、いわば「システム」として組み込まれているということに、このとき初めて気付かされました。

「教育改革」を強引に進めれば進めるほど、学校現場の心は離れていってしまう。しかし、「子どもの自殺をゼロにする」という僕の夢と「学校を、もっともっと『自由な場』にする」という僕のビジョンは、学校現場の主体的な取組なくしては絶対に実現できません。だから、このとき僕は、

「教育改革」をすることなく、教育を改善し続けていく行政官になろう。

そう決意しました。

特に昨今は、これまでにないほど教育改革が「流行化」しており、文部科学省や教育委員会といった教育行政からは、様々なプランやビジョンが「流星群」のように降り注いでいます。

また、メディアや産業界を中心に、深い分析や具体的な考察もなく、単なる印象論や一般論で、「学校に破壊的イノベーションを」「時代から取り残された教師たち」と、学校や教師を批判する主張が蔓延しており、そしてこうした批判が社会からも広く受け入れられています。しかし僕は、そんなトップダウンや外圧による教育改革には、教育を本当に変えることはできないと

考えています。なぜなら、それはある意味では僕がこれまで「教育改革者」として、やってきてしまったことでもあるから。

今こそ教育は変わらなくてはいけない。僕もそう思います。ただしそれは、**「誰かに変えられる」のではなく、「自ら変わるもの」でなくてはいけない。大切なときだからこそ、そんな「現場発」の教育改革が必要だと思うのです。**

モヤモヤしている教育関係者の皆さん。この本は、そんな皆さんの「元気」と「勇気」のために書かれた本です。この本を通じて、一緒にそのモヤモヤを探究し、学校をもっともっと「自由な場」にして、そして最終的に、「子どもの自殺」をこの世界からなくしていく、そんな**旅の「仲間」**になっていただけたら、これほど嬉しいことはありません。

2023年11月
寺田 拓真

（なお、本書の内容は、文部科学省や広島県の公式見解ではなく、個人としての意見です。）

目次

元文部科学省
キャリア官僚が問う！

教育改革を「改革」する。

巻末対談

岩瀬直樹×寺田拓真

学校が子どもも教師も成長できる場になるために

1

20年間、教育改革をし続けて

1-1 テレビの企画で、イジメを受けている中高生と対談して

僕の考えやこれからのことを説明する前に、【はじめに】で述べた、**「子どもの自殺をゼロにする」**という夢や、**「学校を、もっともっと『自由な場』にする」**というビジョンを、どうして僕が持つようになったのかということについてお話ししたいと思います。

僕は、2004年に文部科学省に入省しました。そして、入省9年目、教育改革の司令塔を担当していたときに、次のようなことがありました。当時部下だった後輩が、縁あって、テレビ番組に出演させてもらえることになったのです。この番組は、若者たちの「リアルな姿」に迫るドキュメンタリー番組で、約半年間にわたり継続して、文部科学省の若手キャリア官僚の「素顔」を取材してくれました。

彼に与えられたテーマは、「みんなが笑顔で通うことのできる、理想の学校を考えよう」というもの。このテーマについて、仕事とも関連付けつつ、省内の若手職員で議論したり、番組視聴者とインターネット上で議論したりもしながら、彼が考えを深めていく過程を追う、という構成でした。

上記の通り、当時、彼と僕の仕事は、「教育改革の司令塔」。「第2期教育振興基本計画」[3]という、日本全体の教育改革に関するグランドデザインを描くのが、僕らの最大のミッションでした。

そんなある日曜日、テレビ局のスタジオで収録がありました。彼から「一緒に来てください」と言われ、軽い気持ちで行ったのですが、実はこの日は、**イジメを受けているor受けていた中学生や高校生が集まり、彼ら、彼女らと話をする、という収録**だったのです。彼ら、彼女らの話は壮絶なものでした。どう声をかけたらよいのか悩みながら、「そのとき、相談できる友達はいなかったの?」と声を絞り出したそのときです。その女の子は、次のように言いました。

「ほとんどクラス全員から無視されていた中、一人の女の子が声をかけてくれたんです。『私はいつも味方だよ。力になるから何でも相談して』って。私は初めて親友ができたと思いました。その子と過ごす時間が多くなり、色々なことを彼女に打ち明けました。でも、あるとき、ふと気付いたんです。私の秘密を、クラスのほとんどの子たちが知っていることに。親友だと思っていたその子が、実はクラス中に言いふらしていたんです。そのとき、私は人を信じることをやめました。」

これを聞いて僕たちは、もう何と言うべきか、全くわからなくなりました。そんな中、ある中学生から「お二人は、今、文部科学省でどんな仕事をしているんですか?」と聞かれ、後輩

3：教育基本法に基づき政府が策定する教育に関する総合計画(2013年6月14日閣議決定)。今後の教育の方向性として「自立・協働・創造に向けた一人一人の主体的な学び」を掲げた。

は「教育改革の仕事だよ。『これからの教育は、こういうふうにあるべきだ』っていう計画を作ってるんだ」と答えました。それに対して、その子がポツリ。「**それによって、学校からイジメはなくなるんですか？**」。僕たちは、何も答えることができませんでした。

もちろん、この計画の中にも、「基本施策2　豊かな心の育成」として、「2－4　いじめ、暴力行為等の問題への取組の徹底」という項目があります。また、文部科学省として、イジメの問題に対して、計画を策定するだけではなくて、様々な対策を講じています。ですから、そうしたことを説明することもできました。しかし、僕はどうしてもそんな気にはなれませんでした。なぜなら、そういう次元ではない、**もっと根本的なレベルでの、「価値観のズレ」**のようなものを感じてしまったのです。

第2期教育振興基本計画の筆頭施策は「確かな学力を身に付けるための教育内容・方法の充実」です。文部科学省をはじめとする教育行政としては、当然、「学校」は基本的には「学力（それも、ともすると極めて狭い範囲での『学力』）を育む場」だと考えています。しかし、「この価値観と、同じ価値観を持っている子どもたちが、実際にはどれだけいるだろうか」と考えてしまいました。もちろん、「学力を育む場」としての学校を求めている子どもたちもいます。また、小学校・中学校・高等学校で、状況も大分異なります。しかし、この教育行政側の「単一の価値観」（「単一」と言うと言い過ぎなのかもしれませんが、少なくとも「過度に強調された価値観」）が、子どもたちと大人たちの間に、ズレや溝を生じさせていないだろうか。ともすると、子どもたちにとって「学校」を息苦しい存在にしてはいないだろうか。**子どもたちにとっての「学校の価値観」というのは、もっと多様でよいのではないだろうか。そして、それを認められる学校でよいのではないだろうか。**このときの僕は、こんな自問自答をしていました。

1-2 DV（家庭内暴力）を振るう小学校教師の父親を持って

僕の父親は、小学校の教師でした。「生涯一教員」にこだわり、管理職になることもなく、定年まで神奈川県の公立小学校の教壇に立ち続けました。

そして、そんな父親は、DV（家庭内暴力）を振るう父親でした。

母親は、食器を投げつけられたり、髪を引っ張られたり、僕ら子どもたちも一緒に家の外に追い出されて、朝まで鍵を閉められたりもしました。小学生のとき、僕は、たまりかねて、自分の父親を警察に通報しました。実家の前に停まったパトカーの中で、警察の方々に事情を説明したことを、今も鮮明に覚えています。幼少の頃の僕は、父を恐れ、憎み、そして心から軽蔑する子どもでした。

一方で、仕事の面では、とにかく戦う教師でした。「すべての子どもたちには、必ず輝く部分がある」ということを信条に、「宿題やテストで縛る教育はおかしい」「組合活動よりも目の前の子どもたちのためにすべきことがある」と、管理職のみならず教職員組合とも戦っていました。僕の地元は、ものすごく教職員組合が強い地域だったので、おそらく職員室でも孤独だったでしょう。他方、クラスでは、家庭環境が厳しい子、障害のある子、個性の強い子など、いわゆる「クラスで浮きがちな子」からは、絶大な人気がありました。そうした子たちがクラス中で自分たちの居場所を見つけることができるよう、常に様々な工夫をしていました。当時まだ日本では認知度が低かったＬＤ（学習障害）やＡＤＨＤ（注意欠如・多動症）の研究も行い、学会の理事も務めました。

また、自分が「これは子どもたちに深く学んでほしい」と思ったことは、徹底的に掘り下げる教師でもありました。何事も自分の目や耳で確かめなくては気が済まず、教科書に出てくる物語の著者に話を聞きに行ったり、舞台となった場所や芸術作品を実際に見に行ったり、科学館や博物館まで体験しに行ったりということは、日常茶飯事でした。教科の学会にも積極的に足を運び、道徳教育に関する学会の理事もしていました。

こうした幼少期を通じて僕が学んだのは、**「教師も人間だ」という、当たり前の事実**です。もちろんDVは、絶対に許されるものではありません。しかし一方で、僕たちは時として、**「聖職者」というラベルを貼ることによって、教師を、感情や人間らしさを失った、ロボットのような存在にしてしまっていませんでしょうか**。「教師なんだから、自分自身や家庭のことよりも、生徒[4]たちのことを優先するのが当たり前」「教師なんだから、手当てが出なくても残業するのが当たり前」「教師なんだから、常に学び続けるのが当たり前」。そんなことありませんよね。教師一人ひとりに、不完全で人間臭い人生があって、時に身を削って働きつつも、それぞれに頑張る動機と頑張れない理由があるんです。

父親に対する僕の感情は、父親としてはあまり尊敬できない一方で、教育に携わる先輩としては心の底から尊敬しているという、とても複雑なものでした。連日遅くまで仕事に向き合う彼の背中を見ながら思ったのは、第一に、教育という仕事の奥深さです。教育という仕事は、向き合おうとすれば、永久に掘り下げていくことができる。明確な「営業ノルマ」のようなものがあるわけではないので、どこまで行っても、どこまでやっても、まだまだその先がある。ですので、とても精神的に追い込まれる仕事だと思います。これに対処するためには、このス

4：学校に在籍する子どもたちを指す言葉としては、「生徒」のみならず「幼児」「児童」「学生」があるが、紙幅の関係上、この本では全体を代表する表現として「生徒」を用いる。そのため、特段の注記がない限り、「生徒」は、中学生・高校生のみならず、子どもたち全体を指しているものとお考えいただきたい。

トレスに耐えられるだけの精神的な強さを持てるまで頑張り続けるか、自分を追い込むのをやめてしまうか、の二つしかありません。教師を見たときに、「ここまでやる？」と思えるぐらい身を削りながら頑張っている人と、ドライに必要最低限度のことだけ淡々とこなしている人が割とハッキリしているのは、このためでしょう。

第二に、教師という仕事の孤独さです。上記の通り、教師も人間です。一人ひとりに複雑な人生があります。彼女にフラれれば落ち込みながら学校に行くことになりますし、夫婦喧嘩をすれば不機嫌な状態で授業をすることになり、娘が受験に合格すれば機嫌よく生徒たちと話すことができます。しかしともすると、こうした人間としての浮き沈みを徹底的に排除するのが、教師としての「プロフェッショナリズム」だと思われがちです。もちろん、プライベートな事情に授業の質があまりに左右されすぎるのも問題ではありますが、一方で、常に感情を押し殺し、完全さを装い、マシーンのように子どもたちと向き合わなければいけないというのは、非常に酷な話です（そして、子どもの頃のことを考えると、案外、「自分の話」をしてくれる先生の方が、記憶に残っていたりしませんか？）。このような自分自身の「不完全さ」をさらけ出せない苦しさ。そして、誰もこの苦しさに寄り添ってくれない孤独感が、教師を苦しめているると感じていました。

幼少期に、僕が一番身近で見ていた教師の姿は、キラキラしたものなんかでは全くなくて、極めて人間臭い、悩み、苦しみ、もがく父親の姿だったのです。

1-3 養護学校から小学校に戻って感じた息苦しさと違和感

もう一つ、幼少期における大きな原体験があります。

小学校2年生のとき、僕は慢性腎炎という病気を患いました。これは、簡単に言えば、腎臓が炎症を起こし、尿と一緒に蛋白や赤血球が身体から出てしまう病気です。それまで何の兆候もなかったのに、学校の尿検査の後、先生から「病院で再検査を」と言われ、そして、再検査後、お医者さんから病気を宣告されました。

病名を告げられたとき、僕は、「何か薬を飲むぐらいなもんだろう」と考えていました。しかし、お医者さんから言われたのは、「入院治療が必要です」ということ。これはもう、当時の僕にとっては、この世の終わりのような出来事で、「イヤだ」と泣き喚いたのを覚えています。

そして僕は、7歳という年齢で、約1年間、両親から離れて、ひとり病院に入院することになりました。小学校も当然、通っていた公立学校を離れ、病院に隣接する養護学校（今で言う特別支援学校）に転校することになりました。

病院での生活は、もちろん楽しくはなかったです。ありがたいことに両親は毎日面会に来てくれましたが、毎週のように採血などの検査があり、運動も外出もできない。病室で、連日ゲームボーイをして過ごしました。

そして、養護学校が、このストレスのはけ口になりました。授業はサボる、授業中にふざけて妨害をする。そんな日々を繰り返し、当時もらった通知表は、ひどい成績でした。

そんな入院生活が続くこと1年。僕は病院を退院し、元の公立小学校に戻ることになりました。戻りたくて戻りたくてたまらなかった小学校。友達とも再び一緒に遊んだり勉強したりすることができます。ですが、小学校生活には、多くの制約が課されました。何より大きかったのが、運動全面禁止。体育の授業には一切参加することができませんでした。また、徒歩による遠足もNG。目的地まで母親の車で送ってもらって、学習活動や昼食の時間だけ一緒に過ごした後、再び車で帰るという「特別プログラム」でした。一方で、動きたい盛りの年齢ですので、休み時間には、制限を忘れて遊んだりしてしまいます。その結果、「みんなと違うこと」に敏感な小学生ですから、当然の成り行きとして、僕はクラスメートからイジメを受けることになります。「仮病」「嘘つき」「人造（腎臓の病気だけに……）人間」と陰で言われたりする中、僕が採った防衛策が「勉強」でした。身体が動かせない分、テストでよい点数を取れるよう、勉強に時間を費やしました。その結果、僕は、スクールカースト上位の「頭のいいヤツ」というポジションを入手し、そしてイジメはなくなりました。

しかし、この後僕は、ある違和感を持つことになります。それは、「**勉強（とスポーツ）以外が評価されない学校文化**」への違和感です。面白いクラスのムードメーカー、控えめだけどみんなのことを思いやれる優しい子、歌がとても上手な子、すごく手先が器用な子、電車のことだけむちゃくちゃ詳しい子、けん玉がべらぼうに上手い子などなど、父親の信条の通り、「すべての子どもたちに、それぞれ輝く部分」がありました。しかしこれらは、残念ながらクラスの中ではそこまで力を持ちません。自分は、病気という「マイナス評価項目」を抱えつつも、勉強の力を使い、クラスの中で一定のステータスを築くことに成功しました。しかし、みんながそうできるわけではありません。家庭の状況によっては、勉強に集中できるような環境ではない子もいますし、そもそも、勉強に価値を見出せない子もたくさんいます。でも、そうした子たちが一旦「マイナス評価項目」を抱えてしまった場合、どんなに上記のような「輝く部分」があっても、挽回することは難しいのではないか。だからみんな、できるだけ「マイナス評価項目」を抱えないよう、他の人と違わないよう、びくびくしながら生きている。父親の影響もあったのでしょうが、僕は、「これって何なんだろう。そして**勉強とそれ以外で、いったい何**

が違うんだろう」と、子どもながらに考えていました。

そして、それと同時に、自分を守るためには「このポジションを守らなくてはならない」と感じていました。「おかしい」と思いながらも、それによって自分自身が守られている。おかしいのに、「おかしい」と言えば、自分自身の立場が危うくなる。だから、何も言えない。

これはイジメの構図と同じです。自分自身へのイジメから逃れるための「防衛策」でしたが、それに成功した結果見えたのは、もっと大きなイジメの構図でした。直接誰かから何か意地悪をされるわけではなくても、静かに、しかし確実にいろんな子たちが苦しんでいる。そこには、子どもたちの「自由」を奪う、価値観と空気感によるイジメが確かに存在していたのです。

そしてその結果、**あんなに戻りたかった小学校だったにも関わらず、僕は息苦しさを感じるようになります**。戻りたいとまでは思いませんでしたが、養護学校のときの方が、自分らしくいられたような気さえしていました。

1-4 「挫折」こそが、人を育てる

「キャリア官僚」というと、もうエリートの典型みたいな存在で、何でもスマートにこなし、労せずして開成や灘などの進学校に進んだ後、東大や京大に合格し、そのまま官僚になった、というイメージをお持ちの方も多いのではないでしょうか？　確かにそういう人も多くいました。「もう頭の構造が全然違うなぁ」と思うような同僚とも、たくさん出会いました。

他方で、僕自身はと言えば、進学するたびに、挫折に直面しました。上記の通り、小学校のときの成績は上位でしたが、中学校に進学したら、「中の下」になりました。小学校のときの「運動ＮＧだけど勉強のできるヤツ」というステータスは、中学校では「ただの運動ＮＧなヤツ」にアップデート（内容的にはダウン）されました。それでも少しずつスコアを上げ、桐蔭学園高校という私学の進学校に入学しましたが、入学直後にあったレベル分けテスト（僕の高校は徹底した習熟度別指導だったのです）では、全教科一番下のクラスに配属されました。そのレベルのクラスメートはほとんどがスポーツ推薦の運動部員という中、「アイツはいったい何者だ」と、変な意味で話題になりました（笑）。その後、何とかレベルも上げていき、早稲田大

学に合格したのですが、大学入学後、最初の学期末に、評価欄の大半に「何」と書いてある成績表を受け取りました。当時、大学の成績表は、オンラインで見るのではなく、学務課の窓口に行って紙を受け取る方法で、「何」という評価に困惑した僕は、学務課の人に「すみません、僕の成績『何』ばっかりなんですが、これって何なんでしょうか？」と質問しました。その結果、「これは『不可』って書いてあるんです」とみんなの前で言われて、相当な赤っ恥をかきました（小さな紙に小さな字で書いてあったもので、「不」が人偏（にんべん）に見えたのです……）。最終的に、大学1年生のときは全44単位のうち8単位、大学2年生のときも44単位のうち12単位しか単位を取得することができず（誤解のないように、これは落とした単位数ではなく、取得した単位数です。要は68単位／88単位、単位を落としたわけです……）、2年生にして留年が決定しました。

これらの経験は、自慢できるような話では全くなくて、純粋に努力が足りなかった部分もたくさんあるのですが、一方で、この**挫折体験は、調子に乗りかけたところで、常に僕の「鼻っ柱」を折ってくれました**（そして後述しますが、今はアメリカの教育大学院で再度挫折を経験しています）。イチロー選手は、「努力した結果、何かができるようになる人のことを『天才』というのなら、僕はそうだと思う」と語り[5]、「努力の天才」と評されています。もちろん、イチロー選手と僕とではいろんな意味で次元が違いますが、**挫折の経験は、「お前は特別なんか**

5：『夢をつかむイチロー262のメッセージ』編集委員会『イチロー 262のメッセージ』（2005年、ぴあ）

じゃない。まだまだだ。努力しないと、またすぐに転落することになるぞ」と警鐘を鳴らしてくれます。そして、それまでは同じやり方で通用していたものが通用しなくなりますので、「努力の仕方」から見直さざるを得なくなります。こうした試行錯誤の結果、何とか目の前の壁を乗り越えることができ、成功体験と少しの自信を得た途端、今度はまた別の、前よりもさらに高い壁が登場してきて、そこにチャレンジせざるを得なくなる。僕の人生は、これの繰り返しです。

こんな人生なので、僕の自分自身に対する自尊感情はとても複雑で、自分に全く自信がないわけではありませんが、一方で、特別な存在だと感じたことはほとんどありません。少し自信を持てるような出来事があったときも、心のどこかで「**自分の能力が向上したからではなくて、単に今小さい世界に閉じこもってしまっているから、こんな経験ができているのではないか。むしろこれは、より広い世界でチャレンジしていないことの表れなんじゃないか**」と自問自答しています。「**成功体験を得れば得るほど不安になる**」という、このややこしい感覚は、**とても苦しいものである一方で、自分自身の成長の原動力になってくれている気がします。**

1-5 「教育の機会均等」が招く「不公平」と「一億総教育無責任社会」

2004年に文部科学省に入省してからの10年間は、とにもかくにも「がむしゃら」な毎日でした。最近になってようやく、いかに霞が関での勤務が「ブラック」か取り上げられるようになりましたが、当時は、まさに「激務という言葉を超えるぐらいの激務」でした。入省2年目のとき、深夜に廊下でばったり出会った同期との会話は、次のような感じでした。「最近忙しい?」「いや、終電で帰れてるよ」。要は、「終電で帰ること」の意味するところは、「不幸にして、終電で帰らなくてはならないぐらいに忙しい」ということではなく、「幸いにして、タクシーではなくて、終電で帰ることができている」でした。ですので、月の残業時間は200時間オーバー(でも30時間分ぐらいしか手当は支給されません 涙)。最も忙しかった、法律改正を担当していたときのチームの合言葉は「明るいうちに帰ろう」ではなくて「暗いうちに帰ろう」(要は、日が昇るまでに職場を出よう)でした(苦笑)。

そもそも、文部科学省に入って、具体的に僕は何をしたかったのか。文部科学省の採用試験では、何度も面接を受ける必要があるのですが、それに備えて、僕は数十問にわたる「想定問答集」（＝「面接官にこういうことを聞かれたら、こう回答しよう」という応答要領）を作成していました（学生時代から、やっていることが役人っぽいです（苦笑）。以下、最初の「問い」と「答え」を、一語一句そのまま抜粋します。

（問）なぜ文部科学省を志望したのか？

（答）

・私は、物事を考える際の根底には、「人の重要性」というものを常に据えております。いかなるシステムや法律を作ろうと、それはどのつまり人の英知の結集であり、また、それを享受するのも人であるからです。

・それゆえ、教育というのはまさに「この国の未来」を決するものであり、その重要性は他のいかなる業務よりも高いと考えております。

・また、私は、大学２年生の頃より、小学校における総合的な学習の時間に、学習支援ボランティアという形で参加をし、現場に入り、現場の声を聞いて参りました。

・そこでの経験を通して、私が感じたことと致しまして、やはりまず教員の資質向上が何よりの急務であるように思えました。

・長年にわたる平等主義によって、教育現場には未だに「教育の機会均等」ということを誤認していたり、「出る杭は打たれる」的な発想が存在し、意欲と能力を持った教員が充分に力を出せる状態には無かったりするように感じられます。また、文部科学省の方向性を必ずしも正しく理解出来ていない教員が多数存在しているようにも思えました。

・また、こと教育に関しましては根拠無き批判、根拠無き意見というものが余りに多いようにも感じられます。教育に関する問題が起これば「それはすべて学校や教育行政の責任」と解する発想が根強く、「いったい何が原因で、その改善のためには誰が何をすれば良いのか」という発想が非常に薄いと思います。

・そこで、私は積極的な市民参加を用いて学校現場をより活性化させ、その一方で根拠・責任・役割というものを明確化し、国民全員でこの国の教育について真剣に考えていけるような施策を行って参りたいです。

約20年ぶりに読みましたが、この頃から、理念自体はあまり変わっていないような気がしています。

書いてある「総合的な学習の時間でのボランティアで感じた平等主義」というのは、次のようなエピソードです。大学生のとき、何人かの友達と一緒に、ボランティアで総合的な学習の時間の手伝いをしようと、小学校に申し込みました。学校としては人手が足りないから喜ばれるだろうと勝手に思い込んでいたのですが、学校からの回答は「6－1（6年1組）にだけボランティアが入っていて、6－2にはボランティアが入っていなかったら、6－2の保護者から『不公平だ』という意見が出る可能性がある。これは、教育基本法に定める『教育の機会均等』に違反することになるかもしれないので、慎重に検討する」というものでした。最終的にボランティアは認められたものの、まさかここで「教育の機会均等」が出てくるとは思いもよらず、これが教育界の常識なのかと勘違いして、思わず大学の教育法の教授に、「学校でボランティアを受け入れると、教育基本法に違反するんですか？」という素っ頓狂な質問をしてしまいました。

ちなみに、この「教育の機会均等」に加え、「教育の中立性」という視点も、文部科学省に入ってから僕を悩ませることになります。あるとき、僕は学校と、学校外の様々なアクター（ex．家庭・地域・企業・NPOなど）との連携や協働を促進する担当をしていました。その仕事の一環で、とある教育委員会に連絡した際、次のような話がありました。「趣旨はよくわかるのですが、法律で定められている『企業との中立性』の観点にも留意する必要がありますから……」。ご存じの通り、法律で定められている「教育の中立性」は、政治と宗教です。特定の企業とだけあまりに密接につながることは問題かもしれませんが、「企業との中立性」などということを言い始めると、学校は、外部の誰とも連携することができなくなってしまいます。上記の想定問答にも、「文部科学省の方向性を必ずしも正しく理解出来ていない教員が多数存在している」とありますが、法律や通達の文言を、過度に厳密に（時には誤って）解釈して、自分たちの自由と創造性を制約している学校や教師が如何に多いことか、学生時代から感じていました。

時として学校は、家庭や地域の差に起因する教育格差など、現存する大きな「不公平」には目をつぶる一方で、新たに「均一」ではない小さな対応を行うことに対して、過度に慎重になりがちです。「均一」な対応を続けることによって、子どもたちの間の大きな「不公平」を存続（場合によってはさらに拡大）させるのか、それとも、新たに「不均一」な対応を始めることによって、子どもたちの間の大きな「不公平」の解消を目指すのか。望ましい結果に近付けるのがどちらかは、誰の目にも明らかだと思います。

もう一点、想定問答に書いた、「教育に関する問題が起これば『それはすべて学校や教育行政の責任』と解する発想」が根強いことについてですが、学校で何かトラブルが発生すると、事案の如何に関わらず、必ず校長がメディアに謝罪します。そしてその際、謝罪する校長や教師に対して、保護者が罵倒したり激高したりする姿が報道されます。僕は、この様子を見て、「なぜ保護者は、自分たちの責任を感じることなく、すべて学校が悪いと決めつけることができるのだろう」と、ずっと違和感を覚えていました。もちろん、トラブルの内容によりますので、一概には言えません。しかし、例えば、悪ふざけに起因する事故などについては、少なくとも家庭にも大きな役割と責任があるはずです。冒頭に書いた通り、学校は、子どもたちに「安心」を提供する場である必要があります。しかしそれは、学校が、子どもの教育について、すべての責任を負わなくてはならないということではありません。立場上、学校は反論することが難しいため、家庭から批判を受ければ、それを甘んじて受け入れてしまいます。そして、学校を罵倒し、責任のすべてを学校に押し付けることによって、保護者は自分たちの責任から目を背けることができてしまう。そんな「**一億総教育無責任社会**」になりつつある気がしてならないのです。学校・家庭・地域という、子どもの教育に関わるメインアクターである3者のバランスが崩れ、学校にだけ過度のプレッシャーがかかってしまっている。これがまた、学校から自由と創造性を奪っていく、そう感じていました。

1-6 「省利省益」を超えろ

「省利省益」という言葉は、あまり聞いたことがないと思いますが、(文部科学省として)「省の利益になること」という意味です。

文部科学省の職員の特徴を一言で表現するのなら、「愚直」という言葉になると思います。とにかくマジメで真っすぐで、原理原則と筋を重視する。

僕は、２００８年から2年間、内閣官房という組織に出向していました。内閣官房は、総理大臣や官房長官の直轄の部隊として、各省庁を超えた内閣全体の政策について企画・実行します。そしてこのとき、財務省より派遣されていた先輩から、文部科学省について次のような話をされました。

ものすごい筋悪[6]な案件が、丸政マター[7]であって、どこかの省に犠牲になって対応してもらわないといけない、とするじゃない？　それで、各省に「x月x日までに検討をお願いします」って照会する（＝検討を依頼する）でしょ？

で、何日か経って、「状況どうですか？」って連絡すると、「まだ担当者レベルなんですけど」とか言いながら、アレコレ理由をたくさんつけて「これこれこういう理由で対応できないと思います」って丁寧に、手の内さらして、教えてくれるのが文部科学省。そんで、こっちから「じゃあ、こうすればできるんじゃないですか？」って言うと、「ちょっと預かって検討させてください」ってなるでしょ？　で、またそれについて、「やっぱりこれこれこういう理由でできません」って文科省はご丁寧に連絡してくるわけよ。そんでまた、「じゃあ、こうすればできるんじゃないですか？」っ

6：すじわる。「筋が悪い」の略。対応することが難しい案件。
7：まるせいまたー。政治家の先生（＝国会議員）が絡む案件。

て言って、また「ちょっと預かって検討させてください」ってなる。それを繰り返してるうちに、何かだんだん丸め込まれていって、結局最後は「いけにえ」になってくれるのが文科省のイメージ（笑）。

この真逆なのが経済産業省かな。経産省は、「状況どうですか?」って連絡すると、「あーアレですねー今やってますよー」って言ってきて、締切過ぎて「ちょっと困るんですけど」って連絡すると「あーはいはい、今やってますー」って言ってきて、それで、「もうこれ以上待てない」というデッドラインになって「いい加減にしてください」って連絡すると「あ、アレ無理っす」って、理由も何もなく突然言ってくる感じ（笑）。

文科省の人ってほんと善人なんだよなぁ。善人なんだけど、善人って、騙し合い・化かし合いみたいなところがある霞が関の世界では、だいたい馬鹿を見るんだよなぁ。

ちょっと言い過ぎな部分もあるような気がしますが、「駆け引きに弱い」「政治に弱い」というのは、文部科学省の弱点として、よく指摘されるものです。

率直に申し上げて、文部科学省に勤務した10年間の中で、最も忘れがたい経験は、この内閣官房での2年間でした。中でも、その後の僕の役人人生にとって大きなターニングポイントとなったのは、他省庁の先輩に言われた、次の一言でした。

「寺田くん、文部科学省のために仕事しちゃダメだよ。省利省益を超えよう。さらに言えば、内閣のために仕事するのでもダメ。子どもたちと、この国のために仕事しなきゃ。**子どもたちと国民に向かって、自分が胸を張って『正しい』と言えることだけやらなきゃ。」**

恥ずかしながら、文部科学省を離れて内閣官房に出向するまでは、文部科学省のために仕事をすることと、子どもたちのために仕事をすることは、同じことだと思っていました。文部科学省のために「がむしゃら」に仕事をしていた僕は、文部科学省のために仕事をすれば、自動的に子どもたちのためになると考えていました。文部科学省の方針が通れば、他省庁に打ち勝つことができれば、学校や子どもたちは必ずハッピーになっていく。本当に恥ずかしながら、心からそう信じていました。いや、そう信じていたというよりは、それを疑うことができなかったのかもしれません。

当時、僕が内閣官房で在籍していたのは、副長官補室という部局です。ここは、総理大臣官邸のブレーンであり、ほぼ全省庁から派遣された出向者とともに、内閣としての方針を樹立することをミッションとしていました。内閣としての方向性を作り上げる際には、当然、各省庁間で利害関係の衝突が生まれます。言ってしまえば、これの「勝ち負け」を決めるのが、僕らの仕事でした。以前の僕であれば、「文部科学省の代弁者」として、文部科学省の「全戦全勝」を目指し、他省庁からの出向者や官邸の幹部に対して、熱弁を振るったことでしょう。しかし、そんなときに、「省利省益を超えろ」という先輩の言葉が、常に頭と心に引っかかりました。

毎日、「自分が胸を張って『正しい』と言えることって、何なんだろう」と自問自答しました。

そして、「自分はいったい何を実現するために文部科学省に入ったのだろう」という問いに再度向き合うことになりました。この2年間にわたる問い直しの中で、僕は、「子どもの自殺をゼロにする」という、自分の中の「核」（クライテリア）を築いていったのです。

1-7 東日本大震災の被災地をアポなしで回って

もう一つ、文部科学省時代の忘れられない経験として、東日本大震災があります。

当時、僕は、教育改革の司令塔を務めており、震災発生直後には、被災地の教育復興も担当することになりました。しかし、国として何ができるかを確認するため、連日、被災した自治体に「困っていることはないですか？　お力になれることはありませんか？」と電話をしても、返ってくるのは「今は大丈夫です」という回答ばかり。テレビの報道などを見ていると、どう考えてもそんなはずはない、支援できることがたくさんあるはずなのに、みんな一様に「今は特にしてほしいことはありません」と答えます。そんな中、当時の課長が一言、「**あちらが大変なときなのに、何でこっちが行かないの？**」。

震災から数週間後、僕たちは、被災地に赴きました。アポを取ることなく、被災地の教育委員会や避難所を自分たちの車で巡り、「どなたでも構いませんから、少しだけお話を聞かせてください」と聞いて回りました。そこで見た景色は、言葉では言い表せないぐらいに壮絶で、そこにあったはずのものが、何もかもなくなっていました。その景色を見ながら、被災地の人々とお話しして、「今は特にしてほしいことはありません」と答えられた理由がようやくわかりました。つまり、家族や大切なものを何もかも失ってしまった、そんな現実をまだ受け入れることができておらず、毎日を生きていくので精一杯だったのです。生きていることを実感できていない人に「何かほしいものはありませんか？」と聞いても、「特にありません」と答えるでしょう。皆さん、「この先のこと」なんて考える余裕はなくて、過去を思い出さないようにしながら、今しなくてはいけないことだけを必死にこなしていたのです。**そのとき僕は、「被災地に寄り添いたい」と思ってこれまで仕事をしてきたのに、実は何も寄り添えていなかったことを痛感しました**（なお、このとき、ある自治体の方からは次のようなことを言われました。「してほしいことは今はありませんが、してほしくないことなら二つあります。一つめは、文部科学省からマスコミに発表するための被害情報の取りまとめです。発表しないとマスコミから『無責任だ』と非難されることはわかっているのですが、こっちはそれよりも、目の前の人たちを救うのに精いっぱいなんです。何とかこらえてください。そしてもう一つは、幹部を被災地に派遣することです。幹部が来られると、その対応のために知事や市長などの司令塔が不在になってしまい、被災者の支援業務に影響が出てしまいます。政治的なパフォーマンスではなくて、それによって国としての支援がしやすくなるのかもわかりませんが、これもどうかこらえてください」。この言葉も、被災地の力になれていなかったことを痛感させられるものでした）。

そしてその後、僕は被災した高校生の支援を行う団体と出会いました。この団体は、高校生たちに経済的な支援を行うだけではなく、彼らに逆境を乗り越え、そしてそれを力に変えるプログラムを提供する団体。僕は、高校生のアドバイザーとして参加させてもらい、家族を失い、家を失い、友達を失い、大切なものを失った高校生たちと、3日間、夜遅くまで語り合いました。

そのプログラムの最終日、ゲストとして、ある国会議員の先生がやってきました。そして、高校生に向かって、こんな話をしました。

先日、仕事の関係で岩手県に行ったとき、こんなことがあったんです。
お世話になっている方で、岩手で小さな小料理屋を営んでおられる方がいるんです。
久しぶりに時間ができたので、夜は、その方のお店に行きました。
カウンターに座って食事をしながら、厨房で料理をしているその方、つまり大将と

話をしていたら、別のあるオヤジさんが「隣いいかな」と言って、隣に座ってきたんです。

このオヤジさんがものすごく明るくて面白い人で、ゲラゲラ笑いながら色々なバカ話をしてくれるんですね。「ああ、被災地にもこういう人がいるんだな」と思って、一緒にお酒も飲みながら楽しく話をしていました。

しばらくお話しして、その人がトイレに行ったとき、ふと、大将がカウンター越しに「アイツどう思う?」って話しかけてきたんです。僕は、特に気にせず「すごく明るくて楽しい人ですよね」と答えました。

そうしたら大将が、こんな話を始めました。

「アイツさ、実は、震災のときの津波で、嫁さんも子どもも、全員亡くしてるんだよ。いまひとりぼっちなんだ。アイツ消防団員でさ、震災が起こってすぐに家を飛び出して、消防団の活動してたんだ。地域のお年寄りとか子どもたちとか助けたり。たくさんの人が、アイツのおかげで助かったよ。それで、活動が一区切りついた夜に家に帰ったんだ。そしたら家は跡形もなくてさ。全部流されてたんだよ。嫁さんも子どもも。結局、嫁さんも子どもも、随分離れた場所で、後から見つかったらしいけど、本人かどうかもわからないような姿だったって。」

信じられなくて唖然としている僕に、大将は話し続けました。

「実は俺も消防団員なんだ。でも、震災が起こったときには、何の活動もしなかった。とにかく嫁さんと子どもを連れて、必死で逃げたよ。それで、嫁さんも子どももみんな生き残った。だけど、それ以外は誰も救うことができなかった。消防団員としては失格だ。」

そうしている間に、オヤジさんがトイレから戻ってきて、そこで大将との話は終わりました。

オヤジさんは、それまでと変わらずに、明るく笑いながらバカ話をしていました。

次の日、東京に帰って仕事をしていたら、大将から携帯にメールが届きました。そこには、こんなことが書いてありました。

「昨日はお店に来てくれてありがとう。嬉しかったよ。

それでさ、隣に座ってたアイツのことなんだけど。昨日、途中でアイツが戻ってきちゃったから言えなかったけど、俺、正直、自分がしたことが正しかったのか、今もよくわからねえんだ。確かに家族は全員助かった。でも地域の大切な人は、誰一人救うことはできなかった。町の子どもたちもたくさん犠牲になった。俺が助けたのは家族だけだ。たくさんの命を救って、岩手のために頑張ったのは、むしろアイツの方だ。あるときさ、今考えるとひどいことしたと思うんだけど、どうしても我慢できなくて、アイツにその話をしたことあるんだ。『俺のしたことは正しかったんだろうか』って。そしたら、アイツ、それまではいつものようにゲラゲラ笑いながらバカ話していたのに、突然マジメな顔して言うんだよ。

『バカなこと言うんじゃねえよ。正しいのはお前だよ。人生もう一度やり直せるんなら、俺は間違いなくお前のようにするよ』って。

でもさ、やっぱり俺には、正しかったのかわからねえや。多分、これからもずっとわからないかもしれねえ。

ともかくさ、また時間できたらそのうちお店来てよ。またアイツと一緒に、三人で飲もうや。」


一方で、希望を感じられるような出来事もありました。それが、震災直後に、岩手県大船渡市立第一中学校の生徒が作成した学校新聞「希望」です。この新聞は、全校生徒・避難所・仮設住宅に配布されました。震災から1週間後の2011年3月18日に発行された第一号は、次のような見出しで始まります。

「一中生に、声をかけてください！　何でもやります。」

そして、本文には、次のようなことが書かれています。

このような緊急事態の中で私達一中生に何が出来るのか、何をしてあげられるのか考えていきたいです。皆さんと共に力を合わせていきたいと思います。私達に出来る事はとても限られていますが、水くみ・トイレ掃除・おつかい、何でもします。一中生に声をかけて仕事させて下さい。特にご老人の方は遠慮せず近所の一中生に声をかけ、何でもやらせてください。

被災地の傷は、今も消えない。いや、消えることはない。

しかし、人は、悲しみを忘れることなく、それを乗り越えることができる。特に、あのとき子どもだった若者たちは、懸命に努力を重ね、たくましく成長し続けている。

災害は、亡くなった人々の未来を奪ったが、生き残った人たちの未来まで奪うことはできない。人は、過去を変えることはできないが、過去の意味を変えることはできる。

被災地の皆さんに、どうかたくさんの笑顔が届きますように。

1-8 広島県教育委員会への転職と「もったいない」

2017年4月、僕は文部科学省を退職し、広島県教育委員会に籍を移しました。正確に言えば、2014年から、文部科学省からの出向として広島県に在籍しており、通常であれば、出向期間を終えれば文部科学省に帰る予定でした。しかし、2017年に文部科学省に退職願を提出し、そのまま広島県に採用されました。これは前例のないことで、この過程においては、色々な方にご迷惑をおかけしました。そのことについては、今も申し訳なく思っています。

一方で、文部科学省を辞めた理由については、「文部科学省の仕事がイヤになったから」でも「広島県教育委員会の仕事の方がラクそうだから」でもありません。文部科学省の仕事は（かなり大変でしたが）やりがいがありましたし、広島での仕事も、文部科学省での仕事と同じぐらい（あるいはそれ以上に）大変なものがあります。また、「やりたいことが変わったから」というわけでもありません。やりたいことは、今も昔も変わらず、「子どもの自殺をゼロにすること」、そしてそのために、「学校を、もっともっと『自由な場』にすること」です。僕が文部科学省を辞めたのは、端的に言ってしまえば、「広島で仕事をする方が、これらのゴールに近付けるのではないか」と感じたからなのです。

もちろん、10年間の間に、文部科学省でやりたかったすべてのことができたわけではありません。しかし、広島に来る前の最後には、ずっとやりたかった、教育改革の仕事をやらせてもらいました。「これまでの役人人生の集大成」のつもりで、大きなプランを描かせてもらいました。

しかし、この過程の中で、気付いたことがあります。そのことを説明する前に、以下の文章を読んでみてください。

ひるがえって見るに、日本の教育は、今、大きな岐路に立っており、このままではたちゆかなくなる危機に瀕している。

いじめ、不登校、校内暴力、学級崩壊など教育の現状は深刻である。日本人は、長期の平和と物質的豊かさを享受することができるようになった一方で、自分自身で考え創造する力、自分から率先する自発性と勇気、苦しみに耐える力、他人への思いやり、必要に応じて自制心を発揮する意思を失っている。また、人間社会に希望を持ちつつ、社会や人間には良い面と悪い面が同居するという事実を踏まえて、それぞれが状況を判断し適切に行動するというバランス感覚を失っている。

21世紀は、ＩＴや生命科学など、科学技術がかつてない速度で進化し、世界中が直接つながり、情報が瞬時に共有され、経済のグローバル化が進展する時代である。良くも悪くも世界規模で社会の構成と様相が大きく変化しようとしており、既存の組織や秩序体制では対応できない複雑さが出現している。人間の持つ可能性が増大するとともに弱点もまた増幅されようとしている。従来の教育システムは、このような時代の流れにとり残されつつある。

この文章、いつ書かれたものかわかりますか？「昨日、文部科学省から出された文書です」と言われても、違和感ない文章ではありませんか？　実はこれは、今から20年以上前の、2000年（平成12年）に出された、教育改革国民会議の中間報告です。教育改革のグランドデザインを描く過程において、過去に政府から出された教育改革のプランの大半を読み込みました。そこでの僕の感想は「なんだ、だいたいどれも同じようなことが書いてあるじゃないか」ということ。具体的な施策の内容については、フォーカスの当て方によって違いはありますが、大きな方向性については「だいたい同じ」と感じました。

昨今の教育改革について、「拙速だ」とか「議論が足りない」とか言われることがあります。しかし、具体の施策はさて置き、方向性については、相当長い期間における議論の積み重ねがあると僕は感じています。では、なぜ今日まで実現されてこなかったのか。それは、ひとえに「教育改革とは、それだけ大変なことだ」ということです。【1－5】に書いた「一億総教育無責任社会」にも通じることですが、昨今、ともすると、教育を変えるのは、学校や教育行政だけの責任であるかのように議論されがちです。しかし僕は、こうした狭い意味での「教育関係者」だけでは、教育改革は実現できないと思っています。なぜなら、当然のことですが、子どもたちは365日朝から晩まで学校の中だけで生活しているわけではなく、社会の中で生きています。また、いずれは学校を卒業し、社会の中に旅立っていきます。そうであるにも関わらず、長い間、学校と社会は分断され続けてきました。企業からは「学校には期待していない。仕事をする上で必要な力は、採用後、社内のOJTで身に付けさせるので、学校では、『つまらないことでも根気強く耐えて、言われた仕事を的確にこなす力』（＝つまらない授業でもマジメに受け、テストでよい点を取る力）だけ育ててくれればよい」とまで言われました。しかし今、日本は、大きな転換点を迎えていると思います。社会の在り様が大きく変わりつつあるこのタイミングにこそ、「拙速だ」「理念先行だ」と批判するのではなく、また、「文部科学省や学校のお手並み拝見」と傍観者でいるのでもなく、セクションやポジションを超えて、あらゆる人が当事者となり、「社会総がかり」で、教育改革を前に進めていく必要があると思うのです。

教育改革は、もはやプランニングではなく、実行のフェーズです。理想論を描くのではなく、それを具体的かつ現実的に、どう実行していくかを考えていく段階です。そして、**これまでの歴史を振り返れば、この「実行」こそが一番難しい**と言えます。これまでも、「よい『プラン』はできあがったが、『実行』ができない」という歴史の繰り返しでした。だからこそ、「あらゆるセクターの方々を巻き込みながら、社会総がかりで教育改革を実行していく」という、この最も難しいプロセスに、より現場に近いレベルで関わってみたいと思ったのです。

もちろん、転職に際して、迷いがなかったと言えば嘘になります。相当悩みました。特に、最大の悩みは、これまで一緒に仕事をしてきた素晴らしい文部科学省のメンバーと仕事ができなくなることでした。

しかし、広島で僕は、「学びの変革」と銘打った教育改革の実現や、この変革を先導する学校である広島叡智学園という学校の開校プロジェクトを担当していました。どちらも、文部科学省で描いたグランドデザインを、全国に先駆けて実行するものでした。繰り返しになりますが、教育改革で最も難しいのは「実行」です。**国での理想のプラン策定と、現場レベルでのその実行という両方に関わった人は、日本でもほとんどいないことでしょう**。だからこそ、きっとこれは自分にしかできないことだ、自分がやらなくてはいけないことだと感じていました。

そして何より、今も、日本のどこかで世の中に絶望して苦しんでいる子がいる。息苦しい学校の中でもがいている子がいる。自分は今、広島で、それを変えるための改革を実行しているのに、そしてそれを変えられるかもしれないのに、ここで投げ出してもいいのか。最後は、この問いかけが、僕の背中を押しました。

なお、自分が文部科学省を辞めて広島県教育委員会に転籍したとき、色々な人から様々な声が寄せられましたが、一番多かった反応は「もったいない」でした。でも正直、僕はこの反応に対してものすごい違和感がありました。「そうか、いまだに多くの人たち、特に教育や教育行政に携わる多くの人たちは、文部科学省が『上』で、教育委員会が『下』(さらに言えば、学校は『もっと下』)だと感じているのか。そして、文部科学省の方が、教育委員会や学校よりも改革を実現できる存在だと思っているのか……。」

僕はそうは思いません。学校こそが改革を実現する存在で、文部科学省にしても教育委員会にしても、あくまでそれを支える側です。さらに言えば、そもそも、こうした「場」だけに着目した議論自体が、時代遅れだと思っています。僕が広島を選んだのは、あくまで僕から見て、僕のビジョンに最も近付ける場所が、広島だと考えたからなのです。

大切なのは、「どこで働くか」よりも「そこで自分が何を実現したいか」。僕はそう考えています。

1-9 40歳を過ぎてアメリカの教育大学院へ

冒頭で書いた通り、2021年8月からの1年半、僕はアメリカのミシガン大学教育大学院に、修士号を取るべく留学しました。日本ではあまり有名ではありませんが、ミシガン大学は、Times Higher Education の「World University Rankings 2023」では、教育分野で世界第8位にランクインしています（ちなみに東京大学は第32位）。U. S. News が出している全米の教育大学院ランキング（「2023-2024 Best Graduate Schools in Education」）では、コロンビア大学と並んで堂々の全米ナンバーワンに輝いています。とはいえ、僕は大学ランキングでミシガン大学を選んだわけではありません。

修士課程では、Design and Technologies for Learning Across Culture and Contexts（DATL）という、かなり変わったプログラムに在籍していました。日本語にすれば、「文化や文脈の違いを超えて、学びのためのデザインとテクノロジーを学ぶ」という感じでしょうか。プログラムのコアにあるのは「人はどのように学ぶのか?」に焦点が当てられた「**学習科学**」です。プログラム創設者のひとりである Annemarie Palincsar 教授は、この分野における最高権威のひとりで、大学院ではHow people learnという授業をはじめ、学習科学の理論や実践についても深く学ぶことができます。また、昨今の新しいトレンドである「社会性と情動の学習」（Social Emotional Learning）や「インストラクショナルデザイン」（Instructional Design）などについても焦点が当てられています。さらには、インストラクショナルデザインの手法に、ユニバーサルデザイン（Universal Design）の視点を組み合わせて誕生した、アメリカでも最先端の学習理論である「ラーニングエクスペリエンスデザイン」（Learning Experience Design：LXD）についても学べます。**デザイン、テクノロジー、学習科学、そしてLXD**。これらはいずれも、日本の教育実践に欠けているものではないでしょうか。つまり、**日本に足りないピースが、このプログラムに集約されている**、そう感じたのです。

ここでは、大学院での学びの内容に入る前に、僕がなぜアメリカの教育大学院に留学しようと思ったのかについて、お話ししたいと思います。まずもって皆さん、「留学」というと、なんか華々しいイメージがありませんか？　……いやいや!!　僕の場合は全然です!!

留学というのは、英語が得意な人がするイメージがあると思いますが、僕は完全に真逆でした。「帰国子女」とかでは全くなくて、学生時代の留学経験もなく、海外の経験は、旅行と仕事で数日間の滞在を数回したことがあるだけ（しかもほとんどがアジア）。アメリカ本土は、旅行も含めて、今回初上陸です。留学前、自分の中での「苦手なことランキング」を付けたら、ダントツの第1位が英語でした。仕事でも、外国人のお客さんがオフィスに来る際には、わざわざ理由を作って、来訪予定時刻の5分前にわざと席を外すほど（笑）、英語力に自信がなく、海外の人と交流するのが嫌で嫌でたまりませんでした。

ですので、ここに至るまでの道のりは、本当に格好悪くて、吐きそうになるような日々でした。留学に必要な英語のテストであるTOEFLは、半年で11回も受けました。家だと子どもたちが騒がしくて集中できないので、職場の近くに自習室を借りて、退勤後、日付が変わる前まで勉強。齢40にして、人生で一番苦しい毎日がやってくるとは、夢にも思いませんでした（でもその「人生で一番苦しい毎日」は、アメリカに来てからの日々によって簡単に更新されることになりますが）。

そこまで英語が苦手なのに、なぜアメリカの教育大学院に留学しようと思ったのか。それは「二つの景色」を見るためです。

一つめは、「**新しい景色**」を見るためです。実は留学を決意する前のある日の朝、鏡の前で身支度をしていたときに「今日も何もない穏やかな日になるといいな」と、ふと思っている自分に気付きました。心の底から「これはヤバい」と思いました。教育というのは、子どもたちに「変化」を届ける営みです。「昨日できなかったことが、今日はできるようになった」。これが教育の本質だと信じて、子どもたちにこのような経験を届けるべく努力してきました。また、教師たちに対しても、教育改革の責任者として、「変わらなければならない」と伝え続けてきました。

そんな自分が、変化を恐れてしまっているという事実に愕然としました。「自分には教育改革に携わる資格はないのではないか。教育の世界から身を引くべきなのか」と本気で迷いました。悩んで悩んで、悩んだ末の結論は、「変わらざるを得ない世界に飛び込もう」ということ。しかし、中途半端な世界では、また逃げ出してしまうかもしれない。このため、**「今、一番行きたくないところはどこか？」**と自分に問いました。**それに対する僕の答えが「海外に飛び出す」だったのです**。

決心してからの苦悩と苦闘は先に述べた通りです。それまでTOEICしか受けたことのなかった僕は、しばらく勉強した後、手始めにTOEICを受けてみることにしました。スコアは815点（990点満点）で、学生時代のスコアが630点だった僕は、「これは案外イケるんじゃないか?!」と大いに勘違いさせられました。そして、数週間後、初めてTOEFLを受けて、TOEICとは桁違いの難易度に愕然としました。大学院出願締め切りの5か月前でも、必要スコア（100点／120点満点）に30点も足りず、留学サポートの会社からも「今年の受験は諦めた方がいい」とまで言われる始末。TOEFL絡みの悪夢は、何度見たことかわかりません。

ここまでが留学一般についてですが、留学先として教育大学院を選んだのには、また別の理由があります。それは**「教師と同じ景色」**を見るためです。

驚かれるかもしれませんが、文部科学省や教育委員会に勤務する教育行政官の多くは、教育を大学で本格的に学んだことがありません（学部は法学部か経済学部。仮に留学の経験があったとしても、多くは公共政策大学院に通います）。僕自身も、学部では法律を専攻していました。そうであるにも関わらず、国でも県でも、教育改革の方針を描く仕事をしてきて、常に心のどこかに、後ろめたさというか、恐ろしさというか、危うさのようなものを感じていました。特に忘れられないのが、教師たちの「苦笑い」です。教育改革のプランを説明した後に、多くの教師たちが苦笑いする姿を、僕はたくさん見てきました。「また新しいのが出てきたねぇ（苦笑）」「言いたいことはわかるけど、現実的にはねぇ（苦笑）」「教育のことや現場のことを知らないから好き勝手言えるよねぇ（苦笑）」という表情を見るたびに、僕は、「なぜわかってもらえないんだろう」、そして「僕は何をわかっていないんだろう」という二つのことを、頭の中で問い続けてきました。もちろん、学校の中にいないからこそ見えるものもあるでしょう。また、たかだか1年半教育大学院で学んだからと言って、多くのことがわかるわけでもありません。とはいえ、断片的であっても、見える景色を教師たちと共有したいのです。僕ら教育行政官は、「プランはできたので、あとはよろしく。ここからは僕らの専門外なので」となりがちです。そうではなくて、「教育の世界の言葉で、教育を語れる教育行政官」になりたかったのです。

特に昨今は、教育の世界の外の（主にビジネス界の）、キラキラした言葉で、教育が語られがちです。もちろん、新しい風が入ること自体は、悪いことではありません。しかし一方で、【1−8】で書いた通り、教育改革のビジョンは、数十年前より同じことが言われ続けてきており、学校現場でもこの実現に向けて、様々な努力がなされてきました。また、一見斬新そうに見えるメソッドやツールであっても、実際には過去のものの焼き直しであることが多々あります。僕らは（時として特に教育行政官は）、こうした見栄えや聞こえのよいフレーズや言説に流されがちですが、そうではなく、教育の世界におけるこれまでの実践の蓄積の上に立って、冷静に議論することが必要で、僕はその「翻訳者」になりたいのです。

僕は、海外の大学や大学院で教育を学ぶことの最大の意義は、竹中平蔵[8]さんをはじめ多くの人々が言うところの「川を上り、海を渡る」ことにあると考えています。先人たちが積み重ねてきた努力と知恵（川を上る）、そして国境を越えた教育者たちが現在進めている試行錯誤の成果と課題（海を渡る）。この二つの中には、日本の教育の課題を解決するためのヒントが、間違いなくあるはずです。**教師たちと、危うさを感じることなく、苦笑いの理由も共有しながら、教育のエキスパートとして対等に議論したい。**それが40歳を過ぎてアメリカの教育大学院に入学した、僕の願いです。

8：竹中平蔵『不安な未来を生き抜く知恵は、歴史名言が教えてくれる「明日を変える力」を磨く55の言葉』（2015年、SBクリエイティブ）

1-10 マイノリティになる経験

アメリカに行く直前、僕は、大分県別府市にある立命館アジア太平洋大学（APU）で、特別研究員として、多様性（Diversity）について研究をしていました。

APUは、①全学生に占める国際学生の比率50％（約3000人の留学生）、②外国籍の教員の比率50％、③国際学生の出身国50か国以上という「三つの50」を達成し続けている、日本最高峰の「グローバル大学」です。そのような大学で、初等中等教育関係者（かつ文部科学省関係者）として初めて、研究する機会をいただき、本当にたくさんのことを学ばせてもらいました。中でも特に、国際共修・多文化間共修の第一人者であり、APUの教育を中心となって作り上げてこられた、近藤祐一先生・平井達也先生に指導教官になっていただき、両先生のもとで研究を行うことができたのは、何よりの財産でした（なお、APUがある別府も本当に魅力的な場所でした。留学生がたくさんいるのはもちろんですが、住民のつながりが強い一方で、よそ者に対しても排他的ではない寛容な地域コミュニティがあることに感動しました。僕は、こうしたグローバルとローカルの資源は、大学生のみならず、あらゆる年齢の子どもたちにとって、極めて重要な教育資源になると考えており、別府には素晴らしい教育を実現できる無限のポテンシャルがあると感じました。今「どこで一番教育行政をしてみたいか?」と問われれば、僕は「別府!」と即答します)。

留学前、そんな両先生と、留学について話をすると(お二人とも、アメリカで博士号を取得されています)、お二人とも顔を見合わせ、そして苦笑いしながら「もう二度としたくないね」。

このときは、この言葉の意味がわからなかったのですが、今は(嫌というほど)よくわかります。一言で言えば、留学とは**「ずっと続いてほしいと思えるような、地獄の毎日」**です。

成長している実感は、ものすごくあります。「これまでの人生で最も成長している」と、胸を張って言うことができるくらいです。他方で、連日、朝から晩まで、食事と排泄と風呂の時間以外は、ひたすら勉強をしています。平均すれば、勉強を終えるのはだいたい深夜2時です。僕はミシガンに家族(妻と三人の子どもたち)と来ているので、しばしば子どもたちを日本語補習校に送迎したり、長男を野球チームに送迎したり、子どもたちと一緒に遊んだり、遊園地に連れて行ったりしますが、その間も常に、「今日は2時間、勉強以外に時間を使ってしまったから、寝るのは明け方4時だな……」と計算をしているような有様です。特に、試験期間中は、1日に18時間ぐらい勉強していました。でも、それでも終わりません。

そんな地獄の日々の中でよく考えるのが、**「教育者にとっての、留学の最大の意義とは何か」**という問いです。つまり、「ここまでしんどい思いをしてまで、僕はいったい何を学びに来たんだろう」ということです。もちろん、留学の直接的な動機は、前のセクションで書いた通りです。ただ、逆の視点から見て、「この苦しい毎日から、僕は何を学ぶことができるのだろう」と考えるようになりました。

「教育者にとっての留学の意義」。例えば、「生きた英語を学べること」「体験を通じて異文化を理解できること」「国籍を超えた友人を作れること」「国境や文化を超えて教育について考えられること」などなど、色々あると思います。しかし僕は、これらのいずれでもなくて、実は**「マイノリティになれること」**にあるのではないかと考えるようになりました。

大学院の授業でグループワークをすると、たいてい、①唯一の日本人、②唯一の40代、③唯一の男性ということで、「トリプルマイノリティ」になります。むちゃくちゃストレスフルです。

何がストレスかというと、居心地が悪いのももちろんあるのですが、それ以上に、一つのことを説明するのに、ものすごくエネルギーが必要になるのです。**マイノリティのハンディキャップというのは、マジョリティが持っている「共通認識」を持っていないこと**にあります。

ですので、日本だったら「1」から説明すればいいところを、その背景の背景のそのまた背景ぐらいから説明しなくてはいけなくなる、すなわち「マイナス5」ぐらいから説明する必要が出てきます。その分時間もかかるので、せっかちなアメリカ人からは、話している途中で「私の意見では」と割り込まれますし、一生懸命説明しても、結局「？？？」という吹き出し付きの怪訝な表情をされたりします。これが続くと、説明する気力が失われていきますし、「限られた時間の中で自分の意見を聞いてもらうのも悪いから……」という気がしてきて、発言を切り出すのにさらなるエネルギーが必要になります。ですので、体感的には、同じことを説明する場合でも、日本なら「10」のエネルギーで済むところを、「300」ぐらい使って発言しているような気がします。

ただ、実はこれこそが、教育者としての最大の財産なんじゃないかという気がしています。日本の学校で、マイノリティとして、しんどい思いをしている子どもたちが見ている景色が見えて、そうした子どもたちの日常における苦労と苦悩がよくわかります。

教育に携わる人たちの大半は、マイノリティになったことがありません。彼らは、先生や教育行政官になる前、学校では、常にマジョリティの中の、さらに多くはヒエラルキーの頂点に君臨していました。ですので、基本マイノリティのことは眼中にないか、「努力が足りない」と切り捨てるか、「かわいそう」ぐらいにしか思っていません（僕自身がそうだったように）。

しかし、マイノリティを経験して強く思うのは、「かわいそう」と思われると、より発言するのにエネルギーが必要になるということです。「かわいそう」の背後には、「コイツは自分より劣っている」という認識があるので、そう思われていると考えると、さらに「自分の意見なんて言わない方が……」という気持ちになります。

なので、マイノリティへの支援として必要なのは、単に「グループに入れること」とか「発言を振ること」とかではなくて、**「複数の価値観を作ること」**なんじゃないかと思うのです。大学院にも、これがとても上手なクラスメートがいて、アメリカ人で議論が盛り上がっているところで、「コレ、私たちだけで議論してちゃダメじゃない？　留学生の視点も入れないと」とか「Ｔａｋ（僕）は教育行政の経験が豊富だから、私たちとは違う景色が見えてるでしょ？聞かせてよ」とか言いながら、自然に話を振ってくれたりします。教育者として大切なのは、これをひとりのクラスメートの頑張りに期待するのではなく、こうしたことが自然と起こる雰囲気を作ることにあると思います。すなわち、**「学校文化」「学級文化」の変革**です。

僕は大学院で、1年半の（地獄のような）勉強の締めくくり（キャップストーン）として、「学校文化の変革に向けた校長の人材育成」をテーマに研究を行いました。もちろん学校文化の変革は簡単なことではありません。しかし、この変革が実現できれば、「マイノリティ」は「マイノリティ」ではなくなり、さらには最近流行りの「オルタナティブスクール」だって「オルタナティブ」じゃなくなると思うのです。「メインストリーム」あっての「オルタナティブ」なわけですから。

APUは、学校文化を象徴する教育理念として、「混ぜる教育」ということを掲げています。どんなに生徒や学生の多様性が高まったとしても、同質の集団で「群れて」いるうちは、そこには必ずマジョリティとマイノリティが存在します。だから「混ぜる」。混ぜることによって、単一の尺度ではなく、様々な視点から、クラスメートや人間のことを考えられるようになる。「白」とか「黒」とかではなく、もっとカラフルに物事を捉えられるようになる。「違い」を減らしたりなくしたりするのではなく、それを受け入れ、リスペクトし、活かすことができる。そんな学校文化を、僕は創りたいのです。

繰り返しになりますが、これは簡単ではありません。でも不可能ではない。いや、きっと実現できる。それが、APUでダイバーシティを研究させてもらい、そしてアメリカでマイノリティを経験させてもらったことの意義だと、僕は考えています。

1-11 「論理的現場主義」と「人生のVSOP」

　ここまで僕の人生の回顧録を読んでいただき、ありがとうございました。お読みいただいて、おそらくは「ちょっと変わったヤツ」という印象を持っていただいたのではないかと思います(笑)。

　最後に、僕の「教育行政官としての仕事のモットー」と、「人生のモットー」をご紹介して、第一部を締めくくりたいと思います。

　まず、**仕事のモットーは「論理的・協働的現場主義」**というものです。まず、この「論理的」には、僕は三つの意味を込めています。

　「現場主義」をモットーに掲げている人たちは多いと思うのですが、僕は単なる現場主義には危うい部分があると考えています。もちろん、現場のことを全く知らないよりは、知っていた方がいいでしょう。特に教育行政官は、学校に足を運ばない人も多いので、積極的に学校現場に赴いて、「リアルな姿」を見ることはとても大切です。しかし一方で僕は、物事というのは、とりわけ教育というものは、極めて複雑な、常に「多面性」を持っている存在だと考えています。ある出来事が、ある生徒にとって「望ましいこと」であったとしても、別の生徒にはそれは「望ましくないこと」であるかもしれないのです。また、教育という分野では、他のどんな分野よりも、自分自身の過去の人生観、言い換えれば、自分が生徒だったときの経験が、「良し悪しの判断」を大きく左右します。教育の議論が往々にしてすれ違うのはこのためで、お互いに異なる「レンズ」から物事を見ているため、議論が噛み合わないのです。ですので、現場で目の当たりにした出来事について、自分自身の「レンズ」だけをもって善悪を判断するのは危険です。「論理的現場主義」の第一は、**「価値判断の留保」**です。

次に、前述の「教育の多面性」に加えて、僕たちは時として「プロセスの多様性」を忘れがちです。教育は、「文脈（Context）」に大きく左右されるものですから、一見、複数の学校が同じ成果や課題を抱えているように見えても、そこに至るプロセスや、そのことが持つ「意味」は大きく異なる可能性があります。アメリカにおけるNo Child Left Behind Act（NCLB）[9]をはじめ、単一のスタンダードに基づく改革が成功に結び付かないのはこのためです。こうした改革は、アウトカムのみを重視し、プロセスを考慮しないため、結局は「恵まれた学校」と「そうではない学校」の格差を広げることにつながります。生徒たちのパフォーマンスが同じであっても、その背後には、膨大な学校の努力の積み重ねがある場合もあるし、単に生徒たちの持って生まれた能力や恵まれた家庭環境がもたらしたものである場合もあるのです。ですので、特定の学校現場における事例について、それが多くの学校にも無条件で当てはまると考えるのは危険です。「論理的現場主義」で第二に必要なことは、**「一般化の留保」**です。

9：2001年に連邦政府が導入した教育改革（日本語では「落ちこぼれ防止法」と訳されることが多い）。3年生から8年生（日本でいう中2）の、原則すべての生徒たちが、毎年英語と数学のテストを受けることとし、各州は、このテストにおける目標値を設定する。この目標が達成できた学校には報奨が与えられる一方で、達成できなかった学校に対しては、半数の教員の異動、校長の更迭、廃校もしくは学校運営権の民間移譲（チャータースクール化）などの「制裁」が科された。

しかし、当然のことながら、価値判断も一般化も留保し続けていると、現場で得た知見を何にも活かすことができなくなってしまいます。そこで第三として**「仮説をもとにエビデンスを分析する」**ことが必要になります。ご存じの通り「仮説検証」は研究においては必須のプロセスですが、言うのは簡単な一方、実際に行うのは非常に難しい作業です。まず、仮説を立てるためには、その仮説によって実現したい「ゴール」を描く必要があります。そして、そもそも理想の教育像を描くためには、理想の社会像を描くことが必要です。このため、学校の外を含めて、社会全体で何が起こっているかを知る必要があります。また、教育についても、全体像を知る観点から、様々なデータが示す現状とトレンド（その地域のみならず、日本全体、場合によっては諸外国も）を把握している必要がありますし、「学校を含む関係者の、誰にどんな権限があるのか」という検討の前提条件を持つためには、法令をはじめとする制度についても熟知していることが求められます。さらには、生徒は学校の取組だけをもって成長したり、成長を阻害されたりするわけではありませんので、学校の取組の効果を分析するためには、それ以外の要素の影響力（いわゆる外部要因。統計的に言えば、独立変数以外で従属変数に影響を与える剰余変数）を認識している必要があります。こうした全体のシステムに関する幅広い知識に加えて、分析に必要なメソッド（量的研究・質的研究双方）、そしてこれまでの考察の蓄積である教育理論やモデルなどについても精通していなくてはなりません。このようなマクロレベルの知見があって初めて、現場主義によって得られるミクロレベルでの個々のエビデンスの位置付けと、そこから得られる含意（Implication）が浮き彫りとなり、それをもとに仮説を立て、今後の実践改善に向けた検証を行うことが可能となるのです。

「そんな人、この世の中にいる？」という声が聞こえてきそうですが、率直に言って、いないと思います。しかし、**だからこそ、「協働的」である必要がある**のです。教育の複雑さとダイナミックさを認識し、自らの能力の限界も認めた上で、自分ひとりでの判断は極力留保し、様々な専門性を持った人々と協働する。**教育行政官は、この、いわば教育オーケストラの「指揮者」にならなくてはいけないと思うのです。**

最後に、仕事を含めた人生のモットーである**「人生のVSOP」**についてです。僕は大学生のときに、ゼミの指導教官からこの言葉を贈られました。僕の指導教官は、水島朝穂という教授で、護憲派の憲法学者でした（よく「左翼」とも評されたりもしますが、ゼミ生は、思想的に多様な学生が集まっていました）。憲法ゼミでありながら、憲法の条文解釈について議論するようなことはほとんどなく、少人数の学生グループが持ち回りで各回のゼミを担当し、トピックの設定から話題提供、当日の運営まで任されていました。1回のゼミで教授が発言するのは数回のみ。基本的には学生間の議論が中心で、議論は毎回白熱し、3時間というゼミの時間では終わらずに常に「延長戦」に突入。最後は「定食おかあちゃん」というお店で夜中まで議論、というのが通例でした。特に面白いのがトピックで、僕の学生時代の一例を挙げれば「人工妊娠中絶と自己決定権」「脱ダム宣言」「積極的安楽死」「人道的介入」「自己決定権と信仰を理由とする輸血拒否」など、哲学的な領域に立ち入るものも多く、自分の論を組み立てるためには、単に知識を持つだけではなくて、自身の思想や信条に向き合わざるを得ませんでした。また、ゼミでは「生きた知恵」や「生の声」が重視されており、多くの学生が、実際に当事者にインタビューを行ったり、現地へのフィールドワークに赴いたりしていました。考えてみれば、僕の仕事のモットーである「論理的・協働的現場主義」は、ここで培われたものかもしれません。

さて、そんな人生のモットー、「VSOP」ですが、もちろんこれはブランデーの名前ではなくて、20代から60代まで、「各年齢層において大切にすべきこと」が表されています。まず**20代は、バイタリティ（Vitality）**。「がむしゃら」だった文部科学省時代を含め、とにかく何でも吸収しようと、体力に任せて仕事をしてきました。次に**30代は、スペシャリティ（Specialty）**。30歳ぐらいになってくると、人間誰しもが迷い始めます。「このままやみくもに仕事を続けていて、将来自分は大丈夫なんだろうか。そもそも自分の『強み』や『専門性』とはいったい何なのか」と自問自答し始めます。こうした自問自答の結果、僕は広島県に籍を移しました。そして**40代はオリジナリティ（Originality）**。「強み」や「専門性」を超えて、「オンリーワン」や「新たな価値」を追求していかなくてはなりません。最後に、**50歳以上はパーソナリティ（Personality）**。もはや体力では若者に勝てません。しかしこの年代になると、さ多くの後輩・後進たちがいます。彼らを育てつつ、彼らのバイタリティやスペシャリティ、さらにはオリジナリティの力を借りながら、自らのビジョンやミッションを実現していく。その際にモノを言うのが「パーソナリティ」、すなわち「人間性」です。「この人のためなら頑張りたい」「もっともっとこの人と関わりたい」と思わせる人間的な魅力と言えるでしょう。

これらの頭文字を取って「VSOP」。「無色透明」な体力に始まり、次に特定の「色」を持った専門性に移り、最後は「カラフル」な人間性へ。

この原稿を書いている2023年。僕は42歳になりました。教育の世界に「新たな価値」を生み出すというオリジナリティを、僕は追求していきます。

コラム①

コロナ禍にアメリカで過ごして

僕が家族（妻と、当時13歳、9歳、4歳の子どもたち）と一緒に渡米したのは、コロナ真っ只中の2021年8月でした。当時日本では、コロナのワクチンは、高齢者以外の接種が始まったばかりで、大半の人たちはまだ受けることができていない状況。現に、僕以外の家族も全員、渡米後にワクチンを接種することとなりました（一方で、渡米後すぐに、家から歩いて5分のスーパーマーケットの中にある小さな薬局で、普通に接種することができたのには驚きました）。

さて、そんなコロナ禍での渡米でしたが、渡米前、僕が「アメリカでこうなったらイヤだなぁ」と思っていたことが四つあります。第一に「大きな交通事故に遭うこと」。第二に「大けがをすること」。第三に「コロナにかかること」。第四に「犯罪に巻き込まれること」。ですが、結局、1年半のアメリカ滞在で、僕らは、４番目を除く三つすべてを経験することになります。運転していた車が廃車になるような交通事故に遭い、４歳の娘は雲梯（モンキーバー）から転落して腕の骨を骨折。ブースターショットを打ったにも関わらず、僕は（交通事故の1週間後に）

コロナに感染しました。その結果、拙い英語力で、病院や警察や保険会社や大学とやり取りする羽目になりました……これは授業以上につらかった……。留学前の準備が如何に泥臭くて、留学中の勉強が如何にドロドロしたものだったかは、これまで述べてきた通りですが、勉強以外の留学生活も「順風満帆」とは程遠いものでした。

さて、そんなコロナ禍でのアメリカ生活ですが、家族の間で一致していた感想が「**日本と比べて息苦しくない**」ということ。まぁアメリカのコロナ対策が日本と比べて成功していたかと言えば賛否両論あると思いますし、僕自身結局コロナにかかっているので何とも言えません。また、上記の通り、ワクチン接種の普及度合いも異なりますし、文化的な違いもあるでしょう。さらに言えば、僕が知っているのはあくまで、ミシガン州のアナーバーという小さな町の事例に過ぎません。そうした前提のもとで、「何が違うんだろう?」と考えてみたとき、二つのことが頭に浮かびました。

第一に、アメリカで暮らしていると、**時々コロナ禍であることを忘れそうになります**。例えば、メディアでは「今日の感染者数は何人でした」という、日本でおなじみの報道はまったくありませんし、「誰々が感染しました」みたいな報道も、超有名人を除いてはほとんどありません。また、屋外に出れば、多くの人がマスクを外して、普通に歩いています(これは僕らがアメリカに来た2021年の8月からずっとそう)。ですので、いちいちコロナのことを思い出さされることがなく、家でテレビを見ていたり、外を散歩していたりすると、本当にコロナのことを忘れそうになります。併せて、実は日本にいるとき、個人的にすごく気になっていたのが、お店での現金でのやり取りで、釣銭を受け取るたびに、「早く手を洗わなきゃ」と思っていたのですが、アメリカでは本当に現金を使いません（というか、現金でのやり取りNGなお店も結構多いので、正しく言えば「使えません」）。僕自身、留学中に現金を使ったのはおそらく数回ではないかと思います。

第二に、**「自由は制限されない」という安心感**があります。日本では、緊急事態宣言やまん延防止等重点措置になったりすると、子どもたち絡みの様々なイベントが中止になったり、お店が閉まったりしました。ですので、感染者数が増加するたびに、子どもたちの学校行事や、子どもたちが所属するスポーツチームの大会などが中止にならないかヒヤヒヤしていました。

一方アメリカでは、ワクチン普及後は、どんなに感染者数が増加しても、学校行事やイベントを含め、基本的には「通常通り」。2022年1月3日には、オミクロン株が猛威を振るい、1日だけでの感染者数が100万人を超えました。その時点での日本における「2年間の累計の感染者数」がおよそ174万人でしたので、たった1日で、その半分を超えたことになります。しかしそれでも、大学の授業は対面で再開しましたし、多くのことは変わりませんでした。

この背景には、おそらく、ワクチンの普及度合い（※実際の接種率とは別です。接種率は日本よりもはるかにアメリカの方が低いので）に加え、「自由と責任」を重んじるお国柄があるのでしょう。つまり、「ワクチンを誰でも接種できる環境は整備した。検査を誰でも受けられる仕組みも構築した。あとは、自分自身の判断と責任で行動を」という意味なのではないかと考えています（なお、2021年の年末にニューヨークに旅行した際、イベントや観光施設など、人が多く集まる場所に入るためには、常にワクチン接種証明書の提示が求められました。この点も「ワクチンを接種するかしないかはあなた次第。ただし、接種すれば自由を得られるが、しなければ自由を失う」というアメリカらしいメッセージが込められているように感じました）。

以上のような違いをもとに、僕自身がアメリカでものすごく考えさせられたのは、**「コロナ政策のゴールは何なのか」、言い換えれば「何をもってコロナ政策が『成功した』と言えるのか」という問い**です。トータルの感染者数が少なければ「成功」なのか。ではその一方で、国民の自由が奪われ、景気が大きく低迷しても、果たして「成功」と言えるのか。トータルの死者数が少なければ「成功」か。そうだとしたら、景気の低迷により自ら命を絶った人たちの存在についてはどう考えればいいのか。また、自ら命を絶たないまでも、それに近いような境遇に追い込まれている人はどうか。そもそも、コロナ以外にも様々な病気があり、毎年多くの人たちが命を失っていること、さらには、事故・自殺・犯罪などによっても多くの人々が亡くなっているという事実については、どう考えればいいのか。これらとコロナはいったい何が違うのか。

仮に「コロナによる『死』は防げるものだ」と言うのなら、それ以外の「死」は防げないものなのか。それとも、メディアに取り上げられず、選挙の争点にもならないため、「防ごうとしていないだけ」なのか。さらに、バイデン大統領が選挙キャンペーンの標語に据えたのは「Build Back Better」（よりよい再建）という言葉でしたが、ならば、コロナを機に、コロナ前から存在していたような社会課題を解決し、社会の変革につなげていくことができれば「成功」か。では、何をもって「社会が変革した」と言えるのか。また、変革の過程において、犠牲となった人たちのことはどう考えればいいのか。

上記の問いに対する、日本とアメリカの考えは、大きく異なるでしょう。そして、アメリカ（政府）が、自分たちのゴールの実現に成功したかと言えば、答えは難しいところです。とはいえ、コロナは、「日米の文化の違い」を如実に炙り出したような気がします。つまり、アメリカは、「保護しない文化」で、「考えさせる文化」、日本は「保護する文化」で、「考えさせない文化」だということです。

日本の法律の世界で「権利の上に眠る者は、保護に値せず」という言葉があります。しかし、日本の文化は、相当に保護する文化だと僕は思います。眠っていても、起こそうとして行政は何度も何度も声をかけてくれます。ですので、あまり考えなくても、損はしません。よく言えば「守られている」、悪く言えば「過保護」な文化です。一方、アメリカの文化は、まさに「権利の上に眠る者は、保護に値せず」です。弱者に対して一応声はかけますが、起きなければその人の責任。損をするか得をするかは、その人の実力次第。考えれば考えるほど得をして、考えなければ相応の損をする。自由を重んじる、「実力主義」かつ「個人責任」な文化です。

このどちらが良いのかは、僕にはわかりません。一般論で言えば、「考える人」にとってはアメリカの方が心地よくて、「考えない人」にとっては日本の方が生きやすいと言えるでしょう。しかし一方で、世の中には、もって生まれた環境によって、「考えたくても考えられない人」がたくさんいることも忘れてはいけません。

最後に、コロナの問題に戻って言えば、少なくともアメリカでは、日本で強く感じた「同調圧力」のようなもの、つまり「みんなこうしてるんだからお前もこうしろ」「みんな我慢してるんだからお前も我慢しろ」のような空気感は、僕はあまり感じませんでした。大学院の授業の一環で、「日本の文化を一言で言えば何か?」と問われたとき、僕は「Assimilation」(同化)という言葉を選びました。今の(そしてとりわけコロナ禍の)日本は、「赤信号、みんなで渡れば怖くない」というよりも、「青信号、だけどみんな停まっているから私も停まれば安心」であるような気がします。

左の画像は、ニューヨークの地下鉄で掲げられていた、コロナ啓発ポスターです。

日本語に訳せば、「**マスクは意見のようなもの。誰もが持たなくてはならない**」。日本はどうでしょうか。**マスクはみんな持っている。では意見は？**

図表1　ニューヨーク地下鉄におけるコロナ啓発ポスター

出典:https://www.manhattantimesnews.com/face-mask-or-face-finemascarilla-o-multa/（最終確認2023年10月8日）

コラム②

子どもたちをアメリカの公立学校に通わせて

前述の通り、僕は妻と、13歳、9歳、4歳の子どもたちと一緒に渡米したわけですが、子どもたちは全員、日本人学校ではなく現地校（＝アメリカの公立学校）に通っていました。

実は、僕の知り得る限り、文部科学省におけるアメリカのK－12（幼稚園から高校までの教育）の評価は、「あまりうまくいっていない」で、フィンランドや上海、シンガポールなどとは異なり、「アメリカのK－12からはあまり学ぶものはない」というのが一般的な考えでした（あくまで僕がいた当時の評価で、今は違うかもしれません）。確かに、ＰＩＳＡ（ＯＥＣＤが実施している国際的な学力調査）の結果だけを見れば、数学的リテラシーや科学的リテラシーの順位は、日本よりアメリカの方がはるかに下です（読解力については、２０１８年度調査で日本はアメリカに抜かれているのですが、まぁそれは置いておいて）。しかし一方で、日本を含む様々な国が現在も参考としている学習理論の多くは、アメリカで生まれています。このため、そうした学習理論が学校現場での実践でどのように活かされているのか、あるいは活かされていないのか。また、それがＰＩＳＡの結果とどのように関連しているのか。さらには、そもそもPISAの結果が、アメリカではどのように捉えられているのか。特に、日本とは比較にならないほどの「生徒の多様性」を抱える中で、教育や教育政策の優先順位はいったい何に置かれているのか。こうした問いに対する答えがわからない限り、アメリカの教育の「本質的な部分」はわからないと僕は考えていました。

とはいえ、もちろん、一つの学校に子どもたちが通ったからといって、アメリカの学校の全体的な姿が見えるわけもありません。ただ、インターネット上のデータや平均値、日本に届く「全米屈指のグッドプラクティス」からは見えない、リアルな一つ（実際には二つ）の公立学校の姿をお届けできればと思い、ここに書いてみます。

渡米から2か月後の10月、僕は中2（こちらではミドルスクールのGrade8）の長男に、アメリカの学校の印象を聞いてみました。第一声は「こっちの方が日本よりもよい」。単に宿題が少ないからなんじゃなかろうかと思い、その理由を聞いてみると、次のような答えが返ってきました。

「アメリカの先生は、教室で生き生きしている。元気がいいし明るい。いつも笑顔でたくさん笑う。わざとらしいぐらいにたくさん褒めてくれるし、自分の話もたくさんしてくれる。あと、先生によって授業が全然違う。先生が自由にやってる感じ。社会の授業なのに、みんなで歌ったり踊ったりもするし。」

「たまたま彼に当たった先生方がよかっただけ」という可能性も否定できませんが、しかし、次男と長女の先生に対しても、僕は同じような印象を持ちました。もちろん、この違いは「日米の教師や学校の違い」というよりも、そもそもの「日米の文化の違い」に起因している部分もたくさんあるでしょう。

とはいえ、確かに明るくて生き生きしているんです。率直に言って、あの姿は、子どもたちにエネルギーを与えると思います。「笑顔は伝播する」ので、**先生が笑顔でいれば、子どもたちも笑顔になる可能性が高い**と思うのです。

「どうすれば日本の教師がもっと生き生きできるのか」という問いに対する僕なりの考えについては、【3 学校を、もっともっと「自由な場」にするために】で詳しく書きたいと思いますが、ざっくり言ってしまえば、その根底は**「信頼」と「自律性」、そしてそれを得るために必要な「リソース（資源）」**にあるのではないかと考えています。

「自律性」の根底にあるのは「権利」と「自由」です。そして、教師のみならず生徒についても、アメリカの学校では、とにかくこの二つ（そして責任）が尊重されます。当然、日本の学校の校則にあるような、身だしなみに関するルールや、制服などはありません（なお、制服は、教育大学院の授業でもよく話題になります。「何でなくせないの？」という素朴な質問をクラスメートからされて、「学校としての規律や一体感が……」とか説明すると、「？？？」「制服がないと規律や一体感がなくなるの？」「そもそも規律や一体感って何？」と質問攻めに遭います。ちなみに、そうやって説明してはいるものの、僕は、制服については不要論者です。時折、「制服がないと、服装が原因でイジメが生まれる」という意見が聞こえたりしますが、制服がなくなっただけでイジメが生まれるのなら、それは根底のところで学級経営が失敗しているんだと思います）。それどころかアメリカの学校には、パジャマで通うPajama Day、ビーチタオルとサングラスを持っていくBeach Day、母国の伝統衣装を着て通うInternational Dayなど、「規律を乱しそう」な行事もたくさんあります（なお、「自由」という意味で言えば、中2の長男の学校生活は、約25の授業の中から、取りたい授業を選ぶことから始まりました）。

日米の学校文化の違いが如実に現れていると感じたのが、娘が通う小学校の学校説明会（オンライン、kindergarten（0年生のようなもの）に入る子どもたちの保護者向け）です。主な違いを七つ、以下にまとめてみました。

①説明30分、質疑応答60分

日本の場合、説明が大半で、質疑応答の時間はほとんどないのが普通ではないかと思います

（「何かありますか？……ないようですので、それではこれで終了いたします。何かありましたらお手元の質問用紙に……」みたいな感じ）。

しかし、アメリカの場合は真逆で、質疑応答がメインで説明はオマケみたいな感じでした。そして、保護者からの質問が出る出る！　それも事務的な手続きの質問だけではなく、教育論（「子どもたちが読書に興味を持つようにするための戦略は？」「幼児期（Kinder）における宿題の方針は？」とか）から、LGBTQへの対応、研究者との連携、教師の燃え尽き症候群（Burnout）防止に向けたサポートまで、ものすごく幅広い質問が出ていました。

②ホームページに載っていることは説明しない

日本の場合、説明の大半はホームページ（あるいは学校要覧）に書いてあることではないかと思います。

しかし、アメリカの場合は、あらゆることが学校のホームページに掲載されており、そこに載っていることは説明しません。保護者から質問が出ても、「ホームページに書いてあるので、見てください」で回答が終了していました。

③校長先生が前に出まくる

日本の場合、「校長先生が挨拶した後、各担当から説明」という流れが多いのではないかと思います。

しかし、今回は、30分間の説明は、すべて校長先生からでした。また、上記の通り、ホームページに載っていることは原則説明しませんので、他校と違う「ウリ」のような部分と、自身の教育理念、そして子どもたちの様子が説明の中心でした（全体の3分の1ぐらいは子どもたちの活動を記録した写真の説明）。

そして、質問も基本的には校長先生が答えます。説明も含めて、一切原稿を読んでいないところも印象的でした。

④研究の話をたくさんする
教育論や学校の方針に関する質問が出た際、校長先生は、よく研究を引用して回答していました（「こんな研究があります。だから私たちはこのような方針を採用しています」など）。日本の学校説明会で、研究の話を聞いたことってあったかな……。

⑤ちゃんと持論を言う
当然、コロナ関連の質問などもたくさん出るわけですが、そうした内容は、基本、教育委員会のテリトリーなので、校長先生では判断できません。日本の場合、「それは教育委員会が決めることになりますので、学校としてはお答えいたしかねます」という回答になると思うので

すが、校長先生は、それを述べた上で、ちゃんと持論を言っていました。「教育委員会が決めるので、最終的にそうなるかはわかりませんが、私はこうすべきだと思っています」という回答をたくさんしていました。

⑥子どもの視点から回答する

特に印象的だったのが「保護者の方々が今気にしておられるようなことの大半は、子どもたちにとっては実はどうでもよくて、学校生活ではたいした問題にならないことです。それよりも、私たちは、子どもたちに、**『自分で判断する機会』**をどれだけ届けられるかを大切にしています。これは、子どもたちの人生に関わる、とても重要なことです。**『子どもたちのために、親として自分たちがどれだけ多くのことを決めてあげられるか』ではなく、『子どもたち自身がどれだけ多くのことを決められるか』を大切にしてください**」という回答でした。これはなかなか圧巻の答えでした。

⑦「教師の生活と健康のため」と言って、いきなり終わる

上記の通り、保護者からむちゃくちゃ質問が出るので、「果たしてこれはいつ終わるんだろう」と思って聞いていたのですが、90分経ったところで校長先生が「**私の大切な仕事の一つは、教員の生活と健康を守ることなので、このあたりで終わりにしましょう。**質問がある人はメール

を送ってください」と言って、アドレスをシェアして突然終了しました。

この説明会でも、やはり校長先生は、明るくて生き生きしていました。率直に申し上げて、日本の校長先生のことをこう感じたことはほとんどなかったのですが（すみません）、なんか、カッコよかったです。

そして、この経験を通じて僕は改めて実感しました。「データからは見えなくても、他国から学べるもの、そして学ぶべきことが、まだまだたくさんある」と。

2

教育改革「流星群」に負けない学校になるために

2-1 トップダウンの「教育改革」からボトムアップの「実践改善」へ

【はじめに】で書いた通り、僕は、『教育改革』をすることなく、教育を改善し続けていく行政官」になりたいと思っています。最初に、もう少し丁寧に、僕の考える「教育改革」について説明したいと思います。

まず、**僕の言う「教育改革」は、教育行政によるトップダウンの改革**のことを指します。何が「改革」で何が「改革じゃない」かということについて、はっきりとした線引きはありませんが、言ってしまえば「域内全体（全国・県全体・自治体全域）の学校教育に、大きなインパクトをもたらそうと考えて進める教育施策」のようなものです。これに対して、各学校現場レベルでのボトムアップの取組については「実践改善」と呼ぶことにします。

当然のことながら、一言で「教育改革」と言っても、その内容や効果は千差万別でしょう。「比較的うまくいった」と言われるものから「天下の愚策」と呼ばれるものまで、色々あると思います。しかし、トップダウンで進められる教育改革の間には、二つの共通点があります。

第一に、**具体的な生徒（たち）ではなく、抽象的・一般的な「生徒」を念頭に置いて、改革**

はデザインされます。改革プランには、「我が国の子どもたちの課題として……」「本県の生徒たちの状況を踏まえれば……」という文言が並び、データから分析された、「平均的」な「架空」の生徒をターゲットにして、施策が展開されます。

第二に、**改革の原動力となるのは、基本的には「アカウンタビリティ」（説明責任）です。**たとえ原動力でなかったとしても、教育改革はアカウンタビリティから離れることはできません。なぜなら、教育改革は域内全体を対象にした、大規模なものである以上、それ相応のコストが必要になります（もしも仮に、予算措置等が何もない教育改革があるとしたら、それはそれで問題です）。よって、その予算支出等が適正であったのかどうか、国会・議会やメディアに対する説明責任が求められます。そしてその際には、効果の「質的な深さ」ではなく、「量的な広さ」が重要になります。つまり、例えば100の学校が対象だった場合、仮にそのうち10校で成果が出ただけでは、その効果がどんなに深く、意義があり、生徒たちに有益であったとしても、教育改革としては「失敗」になるわけです。さらに言えば、予算は単年度主義であるため、継続して予算を獲得するには、短期間で目に見える「成果」を出すことが求められます。

そうなるとどうなるか。**教育改革のメインターゲットは自ずと、最も効果が出やすそう（＝「数を稼げそう」）な、ボリュームゾーンの子どもたちになります。**結果、学校で最も生きづらさを抱えており、最も複雑な背景を抱えており、最も支援を必要としているマイノリティの子どもたちは、対象の外に置かれてしまう傾向にあります。仮に、全体の改革とは別に、こうした生徒たちに特化した支援策として、不登校対策や特別支援教育、イジメ対策などの施策が組み立てられたとしても、それが「改革」である限り、結局は同じ構図に陥ってしまう可能性があります。なぜなら、フィールドが何であれ、新たな予算等を得るためには、ある程度「大風呂敷」を広げることが必要になるからです。つまり、「重点プロジェクト」「緊急措置」「抜本対策」など、事業には何らかの「改革性」を盛り込むことが求められ、そうなれば結論は一緒で、教育改革のPitfall（落とし穴）の仲間入り。すなわち、量的・短期的な成果が求められ、例え不登校対策であったとしても、不登校生徒の中で最も「数を稼げそうな層」、つまり、「改善を見込めそうな層」をメインターゲットに、施策は組み立てられるのです。

これは誰かが悪いわけではありません。行政が政治に対して説明責任を負っているように、政治も国民や県民・市民に対して説明責任を負っています。新たな予算を付ける以上は、その効果と正当性を説明するための「材料」が必要です。「予算は付けましたが、思ったような成果は出ませんでした。失敗でした。すみません」では済みません。結局のところ、人が悪いわけではなく、「教育改革」というシステム自体に、自ずと限界があるのです。

作家であり教育者であるケン・ロビンソン卿（Sir Ken Robinson）は、子どもたちの成長や成功のことを、草木が花を咲かせたり実を結んだりするプロセスになぞらえて、「Flourish」

と表現しています。[10] 花を咲かせたり実を結んだりするために必要な土、水、栄養、日光、気候が、1本1本の草木で異なるように、子どもたちが「Flourish」するために必要な支援も一人ひとり違います。**空中から大量の農薬や肥料を散布するのではなく、草木1本1本の状況をつぶさに観察しながら、耳を傾け、対話し、すべての花が開き実を結ぶよう支援することは、ボトムアップの「実践改善」にしかできないことなのです。**

2-2 教育改革「流星群」に負けないために

昨今の教育改革は、まるで「流星群」のようです。前の流星が消えきらぬうちに、新たな流星が空から降ってくる。前のセクションで、教育改革に内在するシステム的な課題を書きましたが、矢継ぎ早に生まれること自体も、教育改革のシステムの一つです。ですので、今後もこの流星群が収まることはないでしょう。

しかし、恐れる必要はありません。【1-8】で書いた通り、教育改革のプランは、ここ数十年間、基本的には同じことを言い続けてきています。ですから、「コア」となる部分を押さ

10：Robinson, K.(2013, April). *How to escape education's death valley.* https://www.youtube.com/watch?v=wX78iKhlnsc(最終確認2023年10月8日)

えること、言い換えれば、基本的な理念と方向性を自分のものにすること、これが何より大切です。これさえできれば、新しいものが出てくるたびに、一字一句熟読する必要はありません。つまり、「国や県のプランに書いてある内容の詳細は暗記していませんが、要は、こういうことだと理解しています」と自分の言葉で表現できること。これこそが、これらの教育改革の根幹理念である「深い学び」でもあります。

ですのでここからは、読者の皆さんに、僕の原稿を単にお読みいただくのではなく、いくつかのワークを通じて、ご自身のお考えをアウトプットしていただきたいと思います。今後のワークは、僕が教育改革をデザインした際の思考上のプロセスを、ある意味追体験していただくものです。ですので、これらによって、皆さんお一人おひとりに「僕の／私の教育改革」を描いていただくことがゴールです。

では、始めて行きましょう。

2-3 「僕の／私の教育改革」を描くための15のワーク

まず、ご準備いただきたいものを説明します。何も書いていない紙（基本A４サイズ）を5枚、ご用意ください。ノートよりは、コピー用紙のような、バラバラの紙の方がいいです。あとは筆記用具。以上です。ややこしい教育理論や国の施策の詳細などに関する問題はありませんので、難しい本や学習指導要領、パソコンなどは用意していただく必要はありません。本の中に出てくるワークシートは、そのまま書き込んでお使いください（小さくて書きにくい場合は、適宜拡大コピーしてお使いください）。

なお、各ワークは、腰を据えて、うんうん唸りながらやっていただくようなものではありません。いずれも正解・不正解があるわけではなく、あくまで現時点でのお考えを「見える化」するためのものですから、「フラッシュカード」ならぬ「フラッシュワーク」のような感じで、直感的にお答えください。制限時間はありませんが、それぞれ10分も20分も時間をかけてやっていただく必要はありません。数分ぐらい考えてみて、「まぁこんなもんかな」と思ったり「もう出てこない」と思ったりしたら、たとえ十分なものではないと感じていても、次にお進みください。

ワーク全体の所要時間は、さらっとやっても45分、じっくりやろうとすれば1時間以上はかかると思います。**このワークは本当に大切で、この本の核心となる部分であり、これをやっていただくのといただかないのでは、この本の学びが100倍ぐらい異なってきます。**ですので、電車の中でお読みの方は、ここで一旦読むのを止めていただき、落ち着いて作業ができる環境になってから、続きをお読みください。また、ソファやベッドで寝っ転がりながらお読みで「面倒臭いなぁ……」と思われている方も、すみません、どうか起き上がっていただき、コーヒーでも持ってきていただいた上で、しばしの間お付き合いください。普段こういうワークが本に書いてあっても、自分ではやることなく、ただ読み進めていっている方も、どうかどうか今回だけは。繰り返しですが、用意していただくのは、紙を5枚と筆記用具、それだけです。

ワーク❶

では最初のワークです。紙を縦に置き、真ん中に縦に線を引いてください。**左側には、ご自身が「遊び」だと考えること、右側には、ご自身が「学び」だと考えることを、思い付くだけ書いてください**（やらずに読み進めようとしているそこのあなた、ストップ！　お願いですから、やってください……）。

ワーク❷

次のワークです（なお、一つひとつのワークについて、答え合わせや解説はしていきません）。別の紙を同じように縦に置き、真ん中に縦に線を引いてください。**左側には、「大人から言われなくても、子どもたちがすること」を、右側には「大人から言われないと、子どもたちがしないこと」を、思い付くだけ書いてください。**

ワーク❸

ワーク❷で使った紙をご覧ください。**左側に並んだものの共通点と、右側に並んだものの共通点をそれぞれ探して、見つけただけ書き出してください。**ワーク❶で使った紙も一緒に並べて、考えていただいても構いません。

ワーク❹

ここからは少し違ったワークになります。別の紙を同じように縦に置き、上3分の1、3分の2のところに横に線を引いてください（要は、スペースを「上」「中」「下」と3分割してください）。今回は、上の部分を使います。

あなたは学校の先生です（実際には学校の先生ではない人は、学校の先生になったつもりでお答えください）。初任者の先生から、次のような相談を受けました。

「先生、お恥ずかしい話なんですが、私いまだに『アクティブ・ラーニング』というものがどうして必要なのか、いまいちわかっていないんです。先生は、必要性について、どのように理解しておられますか？」

あなたならどのように答えますか？　紙（上の部分）に書き込んでください。

ワーク❺

ワーク❹のやり取りを横で聞いていた、小学校6年生の田中くんが聞いてきました。

「先生、『アクティブ・ラーニング』ってどんなの？　僕にもわかるように説明してよ」

あなたならどのように答えますか？　紙（中の部分）に書き込んでください。

ワーク❻

ワーク❺のやり取りを横で聞いていた、教頭先生が聞いてきました。

「面白い話をしていますね。では、先生がこれまでされた授業の中で、『Best of the best』（最高！会心の出来！）だと思う『アクティブ・ラーニング』は、どんなものですか？　なぜそれが『Best of the best』だと思いますか？」

あなたならどのように答えますか？　紙（下の部分）に書き込んでください。

ワーク❼

ここからはまた少し違ったワークです。ワーク❹でやったのと同じように、別の紙を縦に置き、上3分の1、3分の2のところに横に線を引いてください。

小学校6年生たちが、将来の仕事について話をしています。山田さんは「私が仕事に就くのは10年後ぐらいかな。うーん。私は、お母さんが銀行で働いているから、同じように銀行の窓口で働く人になりたい」と言いました。佐藤くんは「僕は車が好きだからバスの運転手になりたい！」と言いました。

あなたはどのようにコメントしますか？ 紙（上の部分）に書き込んでください。

ワーク❽

実は、銀行の窓口業務、バスの運転手いずれも、「10年後にはなくなる可能性が高い仕事」の上位にランクインしている仕事です。

では、あなたは、子どもたちに将来どのような仕事に就いてほしいと思いますか？ 紙（中の部分）に、上位三つを書き込んでください（「仕事は何であれ、子どもたち自身の夢を叶えてほしい」はナシで）。

ワーク❾

3分割した紙の「下」の部分について、真ん中に縦に線を引いてください（左右2分割してください）。

ワーク❽に書いた仕事に子どもたちが将来就くため、学校は何ができますか？ 思い付くだけ左側に書き込んでください。

一方で、学校ができないことは何ですか？ 思い付くだけ右側に書き込んでください。

ワーク❿

ここからはまた別のワークです。

あなたが勤務している学校では、これまで、「生き生き元気で明るい子を育てる」ということを学校の目標として掲げていましたが、教育委員会より「子どもたちのどういった状態を指すのか不明確」と指摘が入りました。このため学校の目標を作り直すことになりました。

作成するにあたり、まずは、子どもたちが学校を卒業するまでのゴールを、それぞれの教師が考えることになりました。〈図表2〉がそのシートです。小学校・中学校・高校の中から、ご自身が最も関係する（あるいは興味がある）一つを選び、**〈図表2〉に、ご自身のお考えを書き込んでください。**

図表２　私の「こんな子育てるぞ！宣言」

小学校 / 中学校 / 高校を卒業する時には、 ＿＿＿＿＿＿＿＿＿＿＿＿ができる子を育てる！

ワーク⑪

それぞれのシートを持ち寄ったところ、「やはりまだ抽象的で、何を指しているのかよくわからない」という声が相次ぎました。

そのような中、ある先生が「こうすればいいんじゃないですか？」とシートの改訂版を作成しました。それが〈図表３〉です。〈図表４〉も参考にしながら、〈図表３〉に、ご自身のお考えを書き込んでください。

ワーク⑫

出来上がったシート（〈図表３〉）を眺めながら、それぞれのボックスについて、あなたが日々の授業や学校生活の中で、実際に子どもたちに育成できていると感じるものに○を付けてください。併せて、なぜそう考えるのか（育成できていると感じる根拠）について

図表3　私の「こんな子育てるぞ！宣言」（改訂版）

小学校 / 中学校 / 高校を卒業する時には、
＿＿＿＿＿＿＿＿＿＿＿＿ができる子を育てる！

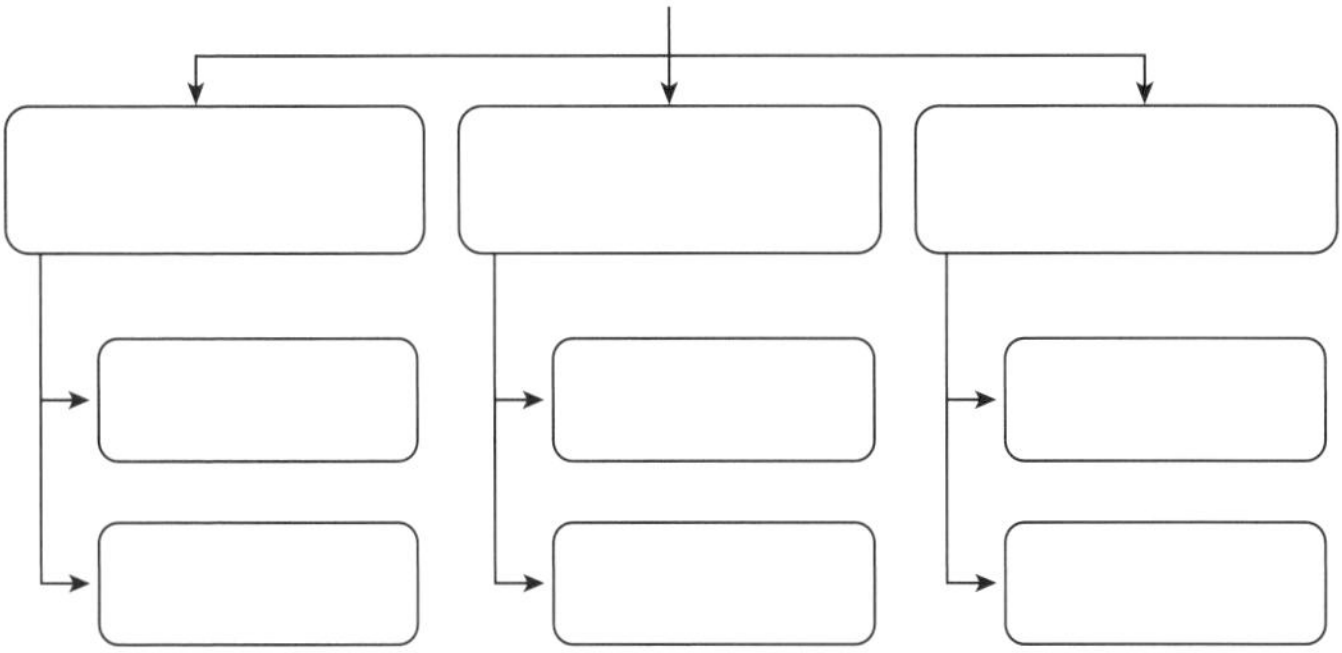

「上に書いたものができるようになるには、まずはコレができるようにならないと！」というものを下に記入！

もお書きください。

はい、お疲れさまでした。ここでワークは一区切りです（まだ紙が1枚残っていると思いますが問題ありません。後で使います）。

いかがでしたでしょうか。結構頭を使ったのではないでしょうか。全国津々浦々の教員研修にお招きいただいた際、似たようなワークをやったことが何回もありますが、かなり多くの先生方が、記入することができず苦戦していました。ですので、もし書けなかったとしても、あまり気にされる必要はありません。大切なのはこれからですので。

さて、ここからは少しだけ僕なりの考えを述べた上で、最後に、ワークの振り返りというか、なぜこうしたワークをやっていただい

図表４　私の「こんな子育てるぞ！宣言」（改訂版）（例）

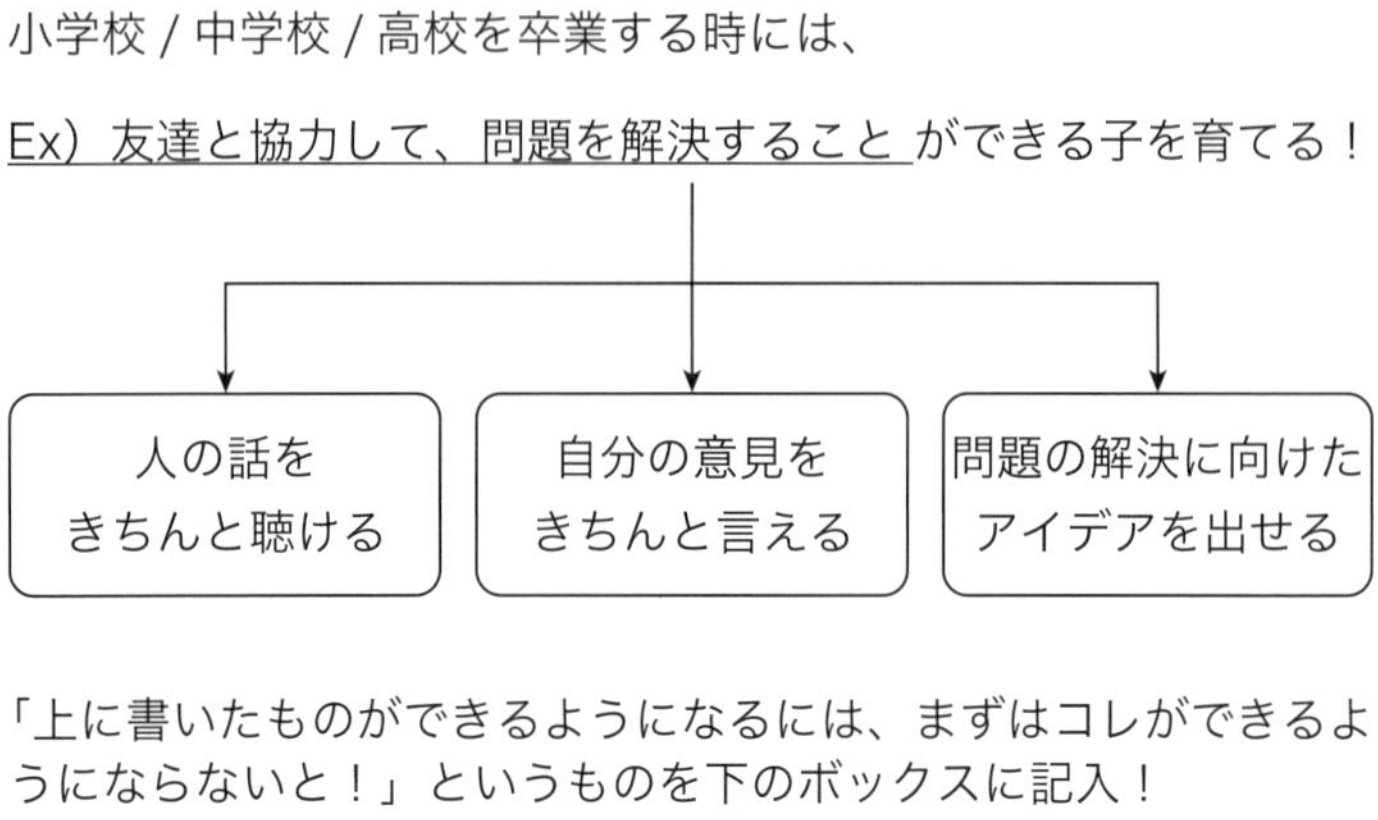
小学校 / 中学校 / 高校を卒業する時には、
Ex）友達と協力して、問題を解決すること ができる子を育てる！
人の話を
きちんと聴ける
自分の意見を
きちんと言える
問題の解決に向けた
アイデアを出せる
「上に書いたものができるようになるには、まずはコレができるようにならないと！」というものを下のボックスに記入！

たかという「種明かし」のようなもの、そして締めくくりのワークを行いたいと思います。

なお、以下で解説する個々のトピックについては、それぞれ膨大な専門書や解説書が出ていますので、きちんと体系的に学ばれたい方は、ぜひそちらもお読みください。僕の場合は、難しい専門書を読むと、すぐ眠くなってしまうタイプなので（苦笑）、以下は、できる限り多くの皆さんに届くよう、そうした内容をかみ砕いて、僕なりに「意訳」したものになります。挙げ始めると膨大な数になるので、参考にした文献や論文の名前はあえて記載していませんが、アメリカの教育大学院で学んだ内容も加味しています。ですから、国際的、あるいは学術的な視点から見ても、大きなズレはないものになっていると思います。

図表5 「アクティブ・ラーニング」（私見）

×「目的」「目標」 → ◎「手段」

×「活動」がアクティブ → ◎「思考」がアクティブ

★そもそも、学習形態のみをもって適否の議論をすること自体が不適当

×「答えが1つではない課題に取り組ませればよい」「グループ学習、体験学習、タブレットを使った調べ学習、郷土学習等に取り組ませればよい」などのように、課題設定や学習形態のみを工夫すればよいという誤解

★「アクティブ・ラーニング」の目的は、「アクティブ・ラーニングを行うこと」ではなく、生徒たちを「アクティブ・ラーナー」に育てること

⇒そのためには、まずは先生自身が「アクティブ・ラーナー」になることが、一番大切！

（筆者作成）

アクティブ・ラーニング

まず、ワーク❹〜❻でやっていただいた「アクティブ・ラーニング」です。「アクティブ・ラーニング」については、相当巷を賑わせ、様々な本も出ましたので、多くの方々が勉強済みだと思います。ですので、「復習」みたいになる部分も多いかもしれませんが、僕なりの考えを〈図表5〉にまとめてみました。

アクティブ・ラーニングを考える上で、押さえておくべきポイントは二つ。**あくまで「手段」であって「目的」ではない**、ということ。そして、**「アクティブ」であるべきポイントは「思考」であって「活動」ではない**、ということです。

なお、「活動がアクティブな学習をしてはいけない」ということではありません。「思

考がアクティブ」なのであれば、活動がアクティブだろうがアクティブ・ラーニングと言える、ということです。ともすると「活動がアクティブではなかろうがアクティブ・ラーニングだろう」という風潮も見られますが、そうではありません。かつて、生活科や総合的な学習の時間が導入された際、「活動あって学びなし」と批判されました。「活動から入る」ということは、この過ちを再び繰り返すことになってしまいます。

また、「アクティブ」の考え方は、子どもたちの評価にもつながってきます。例えば、グループ学習をさせた際、何も考えずにわいわい発言している子がいた場合、動き自体はアクティブですが、学びの姿勢はまったく能動的ではありません。むしろ、あまり発言自体は多くないものの、頭の中では、何とか最善解に辿りつこうと思考を巡らせ、グループでの議論を深めていきたいと考えている子がいるのであれば、この子の方が能動的なわけです。

そして、「手段」である以上、学習形態のみをもって適否の議論をすること自体が不適当です。「アクティブ・ラーニング」という言葉が出回り始めた頃は「答えが一つではない課題に取り組ませればいいのでは?」「グループ学習こそアクティブ・ラーニング?」「タブレットを使った調べ学習こそアクティブ・ラーニング?」などなど、色々な意見が出ましたが、こうした考え方自体が不適当と言えます。つまり、「何を実現したいのか」がまずあって、その上で「そのための手段として、それが適当か否か」という判断になる、ということです。

また、アクティブ・ラーニングの目的は、「アクティブ・ラーニングを行うこと」ではなく、「子どもたちを『アクティブ・ラーナー』（生涯にわたって主体的に学び続ける学習者）に育てること」です。そして、そのためには、まず**大人たち自身が「アクティブ・ラーナー」になる必要**があります。実はこれが、何より大切なことです。

なお、コロナ禍でのオンライン教員研修会に参加させていただいた際には、「コロナにより、子どもたち同士の距離を離さなきゃいけなくなっちゃったから、グループ学習ができない……アクティブ・ラーニングできない……（涙）」という先生の悩みをたくさん伺いました。しかし、僕は心配ご無用だとお答えしました。上記の通り、大切なのは活動ではなく思考がアクティブであることです。そもそも、これまでの教育実践を振り返ってみてください。その中で、子どもたちの表情を見て「おお、この子たち、今すごーく考えてるぞ……！」と思った経験、ありますよね？　それですよ、それ。

「アクティブ・ラーニング」を実現するためのヒントは、「アクティブ・ラーニング」なんて言葉がなかった時代に、先生方が地道に取り組んでこられた実践の中にこそ、実はあるのです。

これからの教育と教師の役割

次に、アクティブ・ラーニングとも絡みますが、「これからの教育と教師の役割」についてです。

皆さんは「Google先生」ってご存じですか？　何を質問しても答えてくれる、万能の先生です（さらにはその進化系である「ChatGPT先生」も近年登場しました）。また、AI（人工知能）を活用したタブレット用学習教材を使えば、なんと（！）、1学年の数学の授業は、わずか32時間で終えられるそうです。1日1時間勉強すれば、ほぼ1か月で終わります。使わない場合と比べて、約7倍の学習効率だそうです。[11]

いやはやすごい。一方で、生身の人間の先生の評判はと言うと……「時代遅れの感覚と旧来型の授業で、社会に出てから必要となる力を子どもたちに育んでいない」「こんな時代なのに、PCもタブレットも使えない、化石みたいな存在」「しばしば不祥事を起こす」。

うーん……、なかなか厳しい……、……ですが、果たして教師の役割とはそれだけでしょうか？「今の学校教育や教師に色々と課題はある」、それは認めた上で、これからの教育と教師の役割について、考えてみましょう。

まず、〈図表6〉をご覧ください。

これ、新入社員たちは、最後に何て言ったと思いますか？

正解は「『主体的になれ』って上司から指示されていません」です。冗談みたいですが、本

11：https://qubena.com/blog/qr-franchise/（最終確認2023年10月8日）

図表6　ある企業での出来事

ある企業で、新入社員向けの研修を実施しました。

新入社員たちは、人事課から与えられたプログラムを素晴らしい成績でクリアしていき、社内からは、「今年の新入社員は、例年になく優秀だ」と評判になりました。

しかし、研修後、いざ現場に出ると、上司たちから、人事課にクレームが相次ぎました。

クレームの内容は、「今年の新入社員は、主体性がまったくない」。

人事課が新入社員たちを呼び出して問い詰めたところ、彼らはこう言いました。

「だって、・・・・・・・・・・・・・・・・・・・・・・。」

（筆者作成）

当の話です。

「さすがにひどい」って皆さん思われますよね？　しかし、この例から僕が言いたいのは、「意味を知っていること」と「実際にできること」は違う、ということです。この新入社員の人たちも、当然、「主体的」の意味自体は知っているでしょう。しかし、実際にはそれはできていない。人間というのは、よくも悪くも、コンピューターとは違うので、「入力されたからといって、出力できるとは限らない」ということです（これが、学習科学が長年にわたって解明しようと取り組んできた「転移」の問題です）。

また、ここでもう一つ別の切り口から見てみましょう。「Google 先生が絶対に答えを教えてくれない質問」って、どんなものだと

図表7　「これまでの教育」と「これからの教育」

これまでの教育	これからの教育
「何を知っているか」が大切	「知識を使って何ができるか」が大切
「ペーパーテストで測れるもの」が大切	「ペーパーテストで測れないもの」も大切
スピード感・脊髄反射重視	プロセスと内容・価値判断重視
電車型 （運転手は先生⇔生徒たちは乗客） （ゴールへの行き方は一通り） （ゴールは予め決まっている）	自動車型 （運転手は生徒たち＋先生は同乗者） （ゴールへの行き方は無限大！） （途中でゴールも変更可！）

（筆者作成）

思いますか？

　もちろん色々考えられると思いますが、最たるものは「価値判断」です。つまり、「僕は将来何を達成したいのか？」「私はこれから何を学ぶべきか？」という壮大なものから「僕は何が好きなんだろう？」「私は明日何をしよう？」という日常的なものまで。こうした質問には、Google先生はデータや傾向は教えてくれますが、答えは絶対に教えてくれません。答えは、子どもたち自身の中にあり、子どもたち自身の力でたどり着くしかないのです。

　〈図表7〉は、僕なりに、「これまでの教育」と「これからの教育」を整理したものです。

　僕は、**これまでの教育は「電車型」、これ**

からの教育は「自動車型」だと思っています。これまでの教育では、言うなれば学校の先生は電車の運転手であり、子どもたちは乗客でした。すなわち、先生が予定されたダイヤの通りに運転し、そして先生（実際には教育行政や教科書会社）が予め設定した「目的地」に電車が到達します。一方、子どもたちは乗客ですので、電車に乗っている間、ただぼんやりとしていただけでも、終着駅には到着します。終着駅に到着すれば、強制的に「終点でーす」と、その電車から降ろされ、「はい、次はあっちの電車に乗ってくださーい」と、乗り換えることになります（「小学校」という電車の終着駅に着けば、次は「中学校」という電車に乗り換えます）。それを何度か繰り返した上で、最後は、乗り換える電車が存在せず、突然、自力で移動することを求められるのです（このことは、しばしば議論になる「履修主義か修得主義か」という問題にもつながります）。

そしてさらに悲しいことは、その「目的地」自体が、子どもたち自身が行きたい場所には必ずしもなっていないということです。先生方は、「目的地」に無事送り届けられたと安堵しているかもしれませんが、一方の子どもたちは、何故この場所に送り届けられたのかもわからないまま、なし崩し的に次の電車に乗り換え、そして最後は途方に暮れている可能性もあるのです。

これからの教育（自動車型）では、この「学びのハンドル」を子どもたちに譲り、「何故そ

こに行くのか?」「何故そこに行きたいのか?」「何故そこに行く必要があるのか?」という問いを子どもたち自身が自問自答し続けながら、前に進んでいく必要があります。その際、「目的地」には無限の行き方がありますし、そもそも途中で目的地を変更することも自由です。教師の支援を得ながら、様々な人々との対話も通じて、子どもたちが自ら「学び」に対する意味付け・価値付けを行っていくのです（これが【コラム④】で述べる「社会構成主義」に基づく学習観です)。

そして、その際に重要になるのが、「教師の関わり方」です。「学びのハンドル」を子どもたちに委ねたからといって、先生は、スタート地点で、カーナビをセットしたら車から降りて「いってらっしゃーい!」と見送ってはダメです。そうではなくて、助手席に座り、「どこに行こうか?」「なんでそこに行きたいの?」「もっとよい行き方があるんじゃないかな?」「途中であそこにも寄ってみたらどうかな?」など、質問や対話を通じて、子どもたちの学びの深まりを促す「ファシリテーター」としての役割が求められるのです。

ファシリテーション

では次に、それをさらに広げて「ファシリテーション」（通称：ファシリ）について考えてみましょう。ややテクニカルな話にもなりますが、僕なりに考える「ファシリのコツ」のようなものも皆さんと共有しながら、一緒に考えてみたいと思います。

まず、ずばり、ファシリの成否を分けるもの……それは「センス」です！　以上！

そう言ってしまうと元も子もないのですが（笑）、でも、これは本当のことなんですよね。

あるとき、「広島の未来について考える」ということをテーマとした、高校生向けのワークショップがありました。生徒を少人数に分けた各グループのファシリテーターとして、高校の先生方が招集されていたのですが、僕から見ていて、「あーうまいなぁ」と思う先生と、「あちゃー」と思う先生の差が本当に大きかったです。そして、そのワークショップは年内に3回開催され、翌年度も引き続いて行われました。「あちゃー」と思った先生が、翌年度も引き続き参加されていたので、「1年間でどれぐらい上手になったかな？」と思って見に行ったところ、より自信満々に、かつ、より重厚に、「あちゃー」と思うファシリをやっていました（苦笑）。

もう少し余計なことを申し上げれば、今まで、色々な先生方のファシリを見てきた結果、一般化すると、概ね以下の三つの傾向が見て取れました（もちろん例外もたくさんあります）。
（1）高校よりも中学校、中学校よりも小学校の先生の方が、お上手。
（2）中高については、これまで「教えるのが上手い」と言われてきた先生の方が、お下手。

（3）「ファシリテーションに自信がない」と言っている先生の方が、実はお上手。

具体的にどうお下手かと言うと、まず目線が高い。「そんな意見じゃダメだ」とか「君の意見にはここに問題がある」みたいに、上から目線でダメ出しとアラ探しをしてしまう先生が多いです。あとは、とつとつと持論を語り始めて、いつの間にか「講義」になっちゃう先生とか（苦笑）。30分のグループディスカッションのうち、ファシリテーターなのに20分しゃべり続けた先生を僕は見たことがあります（笑）。

色々ありますが、ファシリを行う上で、一番大事なスキル、僕はそれは「視野の広さ」だと思っています。「教えるのが上手い」と言われる先生は、良い意味でも悪い意味でも、自分の世界に入り込み、そして、自分の世界を作り上げ、クラスをその空気で支配するのがお上手です。しかし、そうなると、なかなか子どもたちの自由な発言は生まれません。

以下〈図表8〉は、僕なりの「ファシリテーションのコツ」をまとめてみたものです。

ファシリのテクニック論については、巷で色々なことが言われています。議論を「見える化」することや思考ツールの活用、「他人の意見を否定しない」といったルール（グランドルール）

図表8-1 「ファシリテーション」のコツ①

《二つの大原則》
1．生徒たちにとってクラスが「安心できる場所」になっていないと、何やってもムダ！（テクニック論より、まずはそこから！）
2．目線を生徒たちと揃えつつ、生徒たちよりも遥か先を見通す！

✓ 教師が喋り続けるのは論外！
でも、ただ見守り続けるのも同じぐらい論外！
✓ 一般論として、
◆ 沈黙時こそ、教師が発言せず、生徒たちを見守る！
・沈黙時は、生徒たちの頭の中がアクティブである可能性が高い
・沈黙時に教師が発言すると、生徒たちは「困ったら先生が助けてくれる」と思ってしまう
◆ 議論が盛り上がっている時こそ、教師の出番！
・生徒たちの中での方向性が出始めた時にこそ「それってどういう意味？」「何でそう思うの？」「みんなのゴールって何？」といった投げかけが重要
（→より深い議論にいざなう）

（筆者作成）

を壁に貼っておくことなど、テクニック論でできることも、たくさんあるでしょう。

しかし、その前に、〈図表8〉に書いた二つの大原則、

1．生徒たちにとってクラスが「安心できる場所」になっていないと、何やってもムダ！（テクニック論より、まずはそこから！）

2．目線を生徒たちと揃えつつ、生徒たちよりも遥か先を見通す！

ということを、ぜひ、心がけていただけたらと思います。

僕の好きな言葉で「**経営とは、三歩先を読み、二歩先を語り、一歩先を照らすものである**」という言葉があります。[12]本田宗一郎さん

12：田中愼一・山田長光『破壊者の流儀 不確かな社会を生き抜く“したたかさ”を学ぶ』（2010年、アスキー・メディアワークス）

図表8-2 「ファシリテーション」のコツ②

✓ 目指すのは「Facebook型」ではなく「Twitter型」の議論！
(※少人数の生徒たちのグループに、先生がファシリテーターとして入る場合の例)

Facebook型

・生徒の1回の発言が長文
・生徒は、教師の方を見て発言
・それを受けて、教師がまた別の生徒の発言を促す (この繰り返し)
→ 一方向の意見表明の連続 → 創発・協働につながりにくい

Twitter型

・生徒の1回の発言が短い
・生徒は、他の生徒たちの方を見て発言
・生徒たちの間の短いやり取りが、リズミカルに続く
→ 双方向の議論の連続 → 創発・協働につながりやすい

(筆者作成)

と一緒にホンダを世界的な大企業に育て上げた、藤沢武夫さんの言葉です。もちろんこれは会社の経営について言われたものですが、ファシリについても同じことが言えるのではないかと思います。

議論の最中、先生の視点は、子どもたちよりも遥か先、「三歩先」でなくてはなりません。しかし、先生がその「三歩先」を発言した瞬間、それが「答え」になってしまいます。それに、子どもたちは「三歩先」どころか、まだ「二歩先」すら見えていないのに、先生が「三歩先」を発言したら、子どもたちは、「よくわからないけど、先生が言うならそういうことなんだろう」と、腑に落ちないまま思考を停止してしまいます。子どもたちが「腑に落ちる」ためには、自分たちの力で、その結論にたどり着く必要があるのです。

一方で、子どもたちが「一歩先」のところで右往左往しているとき、特に、〈図表8〉に書いたように「一歩先」のものを（ともすれば安易に）「結論」として、まとめてしまおうとしているときに、子どもたちが「二歩先」に進めるような投げかけを、先生が行うことも大切です。

さらに、「答えが一つではない課題」や、複雑で高度なテーマについて議論する場合、そういうことが不慣れな子どもたちからすると、真っ暗な闇の中に落とされたような気分でしょう。沈黙の中、「こんな意見言ったらバカにされるかも……」「こんな意見じゃダメだよね……」と躊躇している子どもたちの「一歩先」を照らし、「大丈夫。一歩踏み出してごらん」と促すことも、先生の重要な役割です（クラスが沈黙しているときに、耐えかねて先生が「三歩先」を語り、その解説までし始めてしまうのが最悪です）。

繰り返しになりますが、「ファシリはセンス！」です。でも、センスは磨くことができます。ファシリに関する色々な本も出ています。そうした本を読むことも大切ですが、**一番大事なのは、「上手な人のファシリを見ること」**です。ノウハウだけでは語れません。「あ、ここでこういう入り方する？」とか「え、ここで何も言わないの？」とか、他の人のファシリを見ていると、色々な気付きがあると思います。そうしたことについて、終わった後にみんなで話し合ってみることも大切です。また、自分のファシリを録画して、後から振り返ってみるのもよいことでしょう。僕の尊敬する先生は、**「授業は、①自分の授業を自分で見ること、②自分の授業を他の上手な人に見てもらうこと、③他の上手な人の授業を見ること、の三つでしか上手くならない」**と仰っていましたが、これはファシリにも通ずる真理だと思います。

「論より証拠。とにかく場数」です。ぜひ、勇気を出して、色々なワークショップに参加してみてください。

変化の激しい社会（「Society 5.0」）

次に、ワーク❼～❾と関わる内容、変化の激しい社会、いわゆる「Society 5.0」と呼ばれたりするもの、言ってしまえば「未来予測」です。正直ココが、教育改革をデザインする上でも、教育改革を展開する上でも、最も難しい場所です。教員研修でワークショップをさせていただくと、先生方の筆と口が最も止まるのもこの部分です。

まぁそれもそうでしょう。それを専門で生業にされているエキスパートたちですら、未来を予測できずに四苦八苦しているわけですから、僕ら素人に行うことは至難の業です。

一方でご存じの通り、教育改革に関するプランの多くは、「あの手この手」でコレを説明しようと試みています。例えば、「VUCA」（ブーカ）。Volatility（変動性）、Uncertainty（不確実性）、Complexity（複雑性）、Ambiguity（曖昧性）の頭文字を並べた造語で、要は「変

図表9　三つのデータ

【データ①】

現在の小学生たちの 約＿＿＿＿＿％ は、将来、「現在はまだ、存在すらしていない仕事」に就く可能性がある。

（米ニューヨーク市立大学キャシー・デビッドソン教授の研究）

【データ②】

今後 10 ～ 20 年程度で、日本の労働人口の約＿＿＿＿＿％の仕事が自動化され、AI（人工知能）に雇用を奪われる可能性がある。

（株式会社野村総合研究所、英オックスフォード大学マイケル･A･オズボーン准教授らの研究）

【データ③】

国立情報学研究所が開発したロボットが、2015 年 6 月の「進研マーク模試」（全国約 44 万人の高校 3 年生が受験）を受験したところ、

ロボットの数ⅡB の偏差値は＿＿＿＿＿＿＿＿、

世界史 B の偏差値は＿＿＿＿＿＿＿＿だった。

（筆者作成）

化の激しい先行き不透明な社会」みたいな意味です。

あるいは〈図表9〉にあるようなデータ。

これらもおなじみだと思います（正解は、「①：約65％、②：約49％、③：数ⅡB65・8、世界史B66・5」）。他にも「シンギュラリティ（技術的特異点）が来る（＝AIが人間よりも賢くなり、そして、AI自身が、自分よりも賢いAIを作り出せるようになるので、人間との差が加速度的に広がっていく）」とか、ビジネス界を中心に、色々な人が色々なデータや用語を駆使し、未来が如何に激動的なものであるかを訴えてきます。

僕も本稿で、そういう内容を書こうかと最初は考えていました。しかし結局、やめました。

図表10　生活に仕事に欠かせないアレ

私たちの生活や仕事（勉強）に欠かせないアレ。

できた（市場に出た）のは、いつのことでしょうか？

アレ	できた年
DVD	
Google	
iPhone	

（筆者作成）

なぜなら、この手の話、僕自身がイマイチ腑に落ちていないからです。「はー、そりゃ大変だー」とは思うんですが、いま一つ実感を伴わないんです。動画「Did you know」とか見ると、「ひゃー、すごい世界に生きてるんだなぁ」と思いますし（※なお、まだ「Did you know」をご覧になられていない方は、ぜひご覧ください。YouTubeですぐに見つかります）、「IoT×ブロックチェーン×シェアリングエコノミーで、『所有』と『マネー』の概念が変わるゾ」とか言われると、「まぁそうかもなぁ」とは思うんですけど、そこまでなんですよね。

多くの先生方も実はそうなんじゃないかと思い、僕が研修会の講師をさせていただくときは、「未来を考えるには、まずは過去を知ることから！」ということで、〈図表10〉にあるようなクイズを出して、如何にこの20年〜30年の間に、社会が急激に変化したのか、ということを考えてもらったりしました。

その上で、「子どもたちが、社会の中でバリバリ活躍しているのは20〜30年後。その間に、これまでの30年と同じぐらい、あるいはそれ以上の変化が来ますよ。それを見据えて教育しましょうね！」と説明するのですが、それでも自分で言いながら、実はやっぱりしっくり来ていないんです（苦笑）。

（〈図表10〉の正解は、「DVD：1996年、Google：1998年、iPhone：2007年」）

しかしながら、20年後の社会を考えた場合、少なくとも、次の二つのことだけは言い切れると思います。

第一に、**「テクノロジーを活用しなくても生きていける」という人は、誰もいなくなる、**ということ。これは間違いないと思います。そして第二に、**「世界とつながらなくても生活できる」という地域は、日本のどこにも存在しなくなる、**ということ。これも間違いないでしょう。

ですから、**未来を予測することはできなくても、「未来を見据える努力」だけはし続けていかなくてはいけないと思うのです。**先生方が最も苦手で、できれば避けて通りたい分野の一つであることは理解しているのですが、そのためのヒントはネットにも書籍にもたくさん転がっていますので、せめてこれらに対する「感性」だけは持ち続けておく必要があると思うのです。

ワーク❼のような話が子どもたちの口から出た際、「ステキな仕事だと思うよ」だけではなく、僕らは何と伝えるべきか。もちろん、未来予測は単なる予測でしかなく、その通りになるとは限りません。ただ、なりたい自分が描けなければ、それを実現するための計画を描けないのと同じように、ありたい子どもたちの将来の姿が描けなければ、それを育成するための計画も描くことはできないのではないでしょうか。

資質・能力と評価

次に、ワーク❿以降に関連して、「資質・能力と評価」についてです。

僕は、**日本の学校教育の最大の課題は「指導と評価の一体化」にある**と考えていますので、評価こそが「本丸」です。しかし、この資質・能力論、そして評価論というのは、本当にややこしい。考えれば考えるほど、わけがわからなくなって、ともすると禅問答のようになり、最後は底なし沼のようにハマっていきます。

まず、資質・能力ですが、僕としては、現行の学習指導要領（平成29・30・31年改訂。以下同）で整理された3本柱、すなわち「知識・技能」「思考力・判断力・表現力等」「学びに向かう力・人間性等」、さらに言うと、そのもとになった「学力の3要素」は、ちょっとわかりにくい気がしています。その理由としては二つです。まず、「知識・技能」ですが、そもそも「知識・技能」には様々な性質のものがあり、また、理解の程度も様々です。また、「思考力・判断力・表現力等」も、団子三兄弟のようにセットで扱われていますが、実は性質が全然違うものです。「思考力」は、あらゆる学習活動の基盤となる力ですが、「表現力」は、プレゼンテーションスキルのような、テクニック論も含みます。こうした性質の異なるものを、一緒くたにしてしまうのは、ちょっと無理があると感じています（さらに言えば、知識を深く理解するためには、当然、思考力が必要なので、評価において「知識が最高評価で思考力が最低評価（あるいはその逆）」なんてことはあり得ず、明確に分離できるものではないんじゃないか、とも思ったりします）。

それよりも、僕がわかりやすいと感じているのが、〈図表11〉に整理した、文部科学省の検討会で出された論点整理です。また、それをもとに、子どもたちのアウトプットとの関係を僕なりに整理したのが〈図表12〉です。

先ほどの「未来予測」にもつながりますが、行動計画を立てるためには、その前にゴールが必要です。しかし、教育の世界は、ゴールがない、あるいは不明瞭なまま、行動計画の議論に入ってしまいがちです。学校目標自体はあるものの、そこに掲げられているのは、小学校なら

図表11　「資質・能力」の考え方①

ア）教科等を横断する汎用的なスキル（コンピテンシー）等に関わるもの

①汎用的なスキル等→例えば、問題解決、論理的思考、コミュニケーション、意欲など
②メタ認知（自己調整や内省、批判的思考等を可能にするもの）

資質・能力の要素
（知識・技能を構造化したり、他者と協働したりするために必要な力）

イ）教科等の本質に関わるもの（教科等ならではの見方・考え方など）

例：「エネルギーとは何か。電気とは何か。どのような性質を持っているのか」のような教科等の本質に関わる問いに答えるためのものの見方・考え方、処理や表現の方法など

資質・能力の階層
（個別の知識・技能の構造化の状況）

ウ）教科等に固有の知識や個別技能に関するもの

例：「乾電池」についての知識、「検流計」の使い方

出典:文部科学省「育成すべき資質・能力を踏まえた教育目標・内容と評価の在り方に関する検討会論点整理」（2014年3月31日）を一部改訂して作成

（ワークに書いた）「生き生き元気で明るい子」みたいな感じ、高校なら「地域に貢献できる人材」「グローバル人材」といった、抽象的なゴールである学校は、今も多いのではないでしょうか。

教育の世界というのは、読む人によって解釈が異なる「マジックワード」が溢れがちです。「育成すべき人材像」の具体化と共有は、学習指導要領の柱の一つである「カリキュラム・マネジメント（カリマネ）」の大前提です。僕は、カリマネは、「アクティブ・ラーニング」以上に大切なものであり、「指導と評価の一体化」を成し遂げる上で不可欠なものだと考えています。しかし、上記の通り、「育成すべき人材像」の具体化・明確化と共有ができていないと、カリマネなんて、ぜーったいにできません。

図表12 「資質・能力」の考え方②

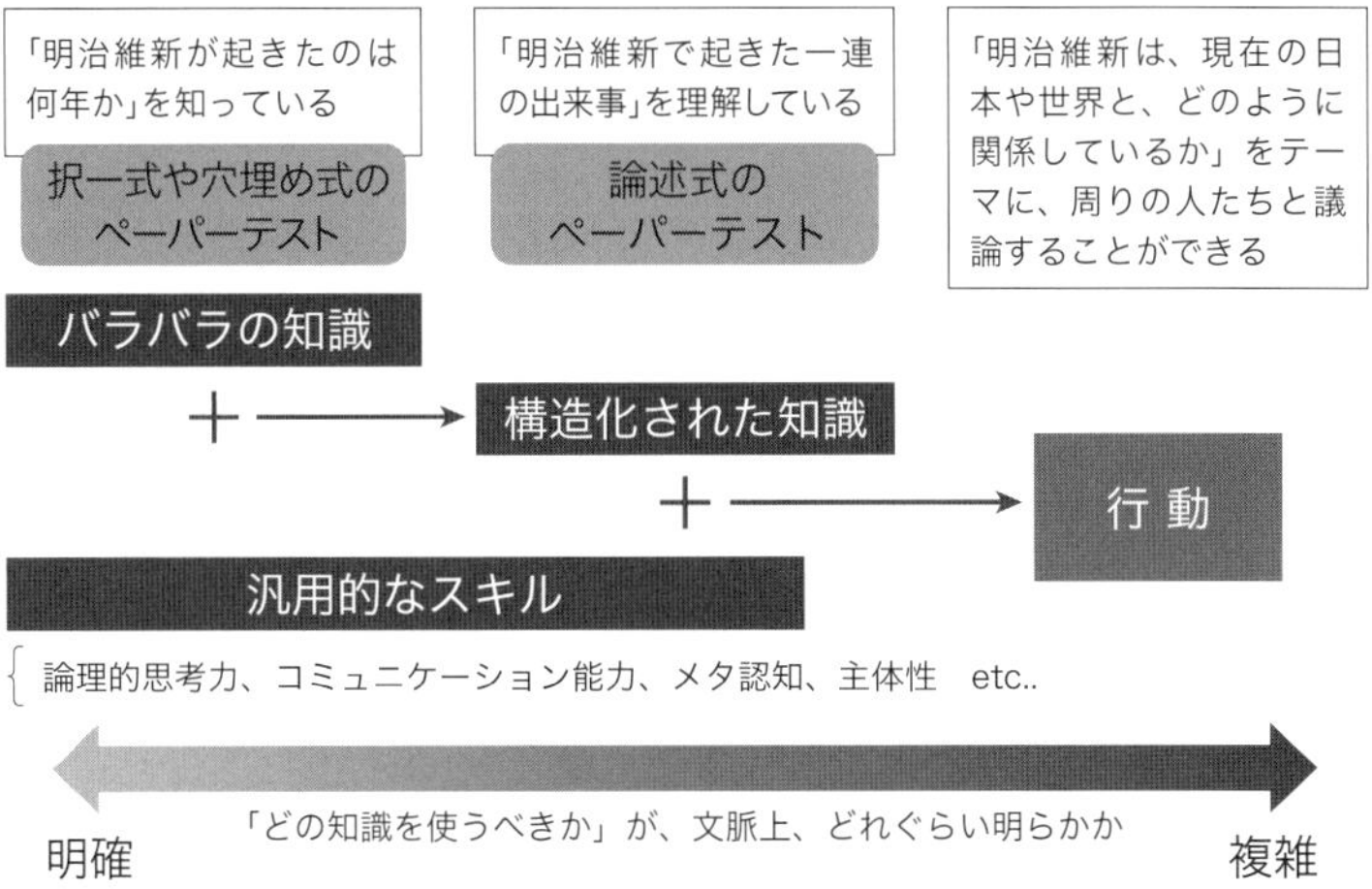

（筆者作成）

「マジックワード」を排除する方法は、いくつかありますが、一つは、ワーク⓫でやっていただいたように、資質・能力を細分化・構造化してみることです。

さて、本当の問題はここから、これを「どう評価するか」です。上記〈図表12〉でいうと、一番左の「バラバラの知識」については、シンプルなのでよいでしょう。しかし、「構造化された知識」や「汎用的スキル」になってくると、評価するのがとても難しくなってきます。「構造化された知識」を測る方法の一例として「論述式のペーパーテスト」と書きましたが、問題を作成できたとしても、答案の評価基準（「何が書いてあったら何点」「書いてなかったら何点」みたいなもの）をどう設定するのか、ということも極めて難しい問題です。しかし、ここにチャレンジしていかないと、何も変わりません。指導方法だけ変えても、評価方法が変わらなければ、意味がないのです（それがまさに「指導と評価の一体化」です）。

これについて、魔法の杖はありません。とにかく地道に実践し、研究し、改善することを繰り返していくしかありません。ただ、その際、「次の四つを念頭に置きながらやっていきませんか？」というのが、僕の提案です。

1.「何のための評価か」を常に考えながら、やっていきませんか？

そもそも、なぜ評価を行わなくてはならないのでしょう？　法令で決まっているから？　子どもたちを順位付けするため？　高校や大学に調査書を出さなくてはいけないから？　この点、**究極的には、学校における教育活動は、すべて、子どもたちを成長させるために存在**します。よって、評価についても、それに向けた、一つのツールと考えるべきで、まずもって、この点を忘れないようにしていただきたいです。

また、実は僕は「評価」という呼び方があまり好きではなくて、子どもたちとの関係では「フィードバック」と呼ぶべきだと思っています。要は、「僕は、君の現状はこうだと考えている。こうしたらさらに成長できると思うよ」という「教師から子どもたちへのメッセージ」であるべきです。その一方で、授業のＰＤＣＡを回すツールとする意味もあり、この視点からは、「アセスメント」と呼ぶべきです。この**「子どもたちへのフィードバック」「授業のアセスメン**

ト」という視点をごちゃごちゃにしないで議論することが大切です。
（なお、ついでに余計なことを言えば、３観点のうちの「主体的に学習に取り組む態度」なんかは、「子どもたちへのフィードバック」よりも「授業のアセスメント」として活用すべきだと僕は考えます。「子どもたちが主体的に学習に取り組めないような授業」を組み立ててしまったのは、教師の側の問題ですので……。）

もう少し突っ込んで考えてみましょう。僕は、「評価」に必要な視点としては、「客観性」と「有効性」の二つがあると考えています。「客観性」は、おわかりのように「教師の恣意的な判断にならないよう、注意する必要がある」ということです。一方、「有効性」については、第一義的には「子どもたちの成長にとって有効なものとする必要がある」（フィードバックの観点）ということ、次に、「教師の授業改善にとって有効なものとする必要がある」（アセスメントの観点）ということです。

当然ですが、「客観性」を意識する必要はあります。しかし、「これを気にしすぎると、結局は何もチャレンジできない」というのが僕の結論です。「誰が見ても同じ点数になる」という意味での評価を徹底的に突き詰めていけば、結局は（答えが一つに定まるような）多肢選択式や穴埋め式の問題になります。よって、測ることができる力の中心は、「バラバラの知識の量だけ」ということになってしまいます。**「客観性」を高めるための努力は必要ですが、それと**

図表13　評価の「目的」と「視点」

《大前提》
★学校における教育活動は、すべて、生徒たちを成長させるために存在。
評価も、そのためのひとつのツールと考えるべき。

【評価の目的】
（1）生徒たちへのフィードバック
（2）授業のアセスメント

※文科省の通知*では、（1）は「児童生徒の学習改善につながるものにしていくこと」、（2）は「教師の指導改善につながるものにしていくこと」と表現されています。

【評価の視点】
（1）客観性
（2）有効性
① 生徒たちの成長にとって有効
② 教員の授業改善にとって有効

※文科省の通知*では、「妥当性」と「信頼性」という表現が使われていますが、これとは少し切り口が異なります。

*小学校、中学校、高等学校及び特別支援学校等における児童生徒の学習評価及び指導要録の改善等について（通知）（30文科初第1845号、2019年3月29日）

（筆者作成）

同時に、「有効性」の視点を忘れないようにしていただきたいです。

以上をまとめたのが〈図表13〉です。評価の議論は往々にしてすれ違う傾向がありますが、この図を常に念頭に置き、「今はどこの話をしているのか？」と考えながら議論していただくだけで、かなり噛み合ったものになっていくと思います。

2.「あるべき論」だけではなく、目の前の子どもたちの姿をイメージしながら、やっていきませんか？

子どもたちの思考の深さや行動を評価するものとして、一時期（今も?）、全国の学校で「ルーブリック」が流行りました。しかし、ある学校で僕が見せてもらったルーブリックには、「主体性」に関する評価基準として、「レベル1：主体的に行動できていない」「レベル2：主体的に行動できている」「レベル3：とても主体的に行動できている」と書いてありました（笑）。これじゃ、あってもなくても同じじゃないですか（笑）。

そうした**「ルーブリック作ったから、ま、これでええか病」**になってませんか？　別の学校で見せてもらった「思考力」に関するルーブリックは、「レベル1：テストの成績5割未満」「レベル2：テストの成績5割〜8割未満」「レベル3：テストの成績8割以上」と書いてありました。テストの内容を見ていないのでわかりませんが、もしそれがこれまでのテストと同じように、「バラバラの知識の量」を問うようなものだった場合、結局、何も変わっていませんよね。

得てして、ルーブリックは、観念的になりがちで、読む人によって解釈が異なる「マジックワード」が溢れる傾向にあります。しかし、ルーブリックは、「客観性」を高めるためのツールですので、極力、読んだ人の間で、評価のズレが生まれないようにする必要があります。こうした観点からは、例えば、実際の生徒の作品や行動などをもとに、先生一人ひとりがルーブリックを活用して評価してみて、「それぞれの結果にズレがないか（あるとすればその原因は何か）」「よりよい表現の仕方がないか」などについて、みんなで議論してみることも大切だと思います。[13]

ただ、「誰の評価も絶対に同じ」を追求し過ぎると、上記の例のように、「バラバラの知識の量だけ」を問うようなテストベースのものになってしまいます。繰り返しになりますが、「客

13：この点は、G.ウィギンズ，J.マクタイ著、西岡加名恵訳『理解をもたらすカリキュラム設計：「逆向き設計」の理論と方法』（2012年、日本標準）が大変参考になる。「逆向き設計」は、私の知る限り最も洗練された理論の1つであり、アメリカでも非常にポピュラー。評価についてお困りの場合は、まずはこの本を読んでみることをおすすめする。

観性」を高めるための努力は行いつつ、「何を評価するためのルーブリックなのか」ということ、そして、「有効性」の視点を忘れないようにしていただきたいです。

3. 評価のプロセスに、子どもたちを巻き込みながら、やっていきませんか?

まず、僕は、**「評価はすべて教師だけが行うもので、絶対的なもの」という考え方は捨てた方がよい**と考えています。先ほど、1.の「子どもたちへのフィードバック」に関する記述で、「僕は、君の現状はこうだと考えている」と書きました。この「僕は」というのが大事です。「客観性」を究極的に追求した多肢選択式のテストの場合、そこに「僕は」はありません(「誰が見ても同じ点数になる」ということですので)。よって、子どもたちへの説明は、「君の現状はこうだ」になります。しかし、そうすると、上で散々見てきた通り、測れるのは「バラバラの知識の量だけ」ということになってしまいますので、どうしても、「客観性」の比重を少し下げていく必要が生じます。にも関わらず、子どもたちに説明する際、「僕は」を加えず、「君の現状はこうだ」と伝えてしまうのは、とても危険なことだと思うのです。

評価規準・基準をブラックボックスに閉じ込めたまま、テストだけ論述式とかパフォーマンス課題とかに改めて、子どもたちや保護者に「こういうものなんです」と評価結果を押し付けるのは、不信感のもととなり、問題になる危険性が極めて高いです。そうではなくて、「あくまでこれは、僕が見た君の現状だよ」ということを子どもたちや保護者に伝えていくべきです。

つまり、**「なぜ自分がそう判断したのか」ということを、評価規準・基準や生徒の作品・パフォーマンスなどに基づき説明し、そして併せて、「もし『違う』と考えるのなら、教えてね」と伝えます。**これはかなり大変なことで、もし「子どもたちを巻き込んだら楽できる」と直感的に感じられたようでしたら、それは大間違いです。むしろ、「茨の道」を進むことになるのですが、僕は、先生の力量を高めるためにも、このやり方をお勧めします（なお、当然ですが、併せて、校内で組織的に取り組むことにより「僕は」を「僕らは」にしていくことも大切です）。

（なお、余談ですが、以前僕が視察した上海の工業高校では、実習のパフォーマンスの評価を「自己評価2割」「同じグループの他の生徒3割」「外部の専門家3割」「教員2割」という組み合わせで行っていました。これはこれで面白い取組だと思いました。）

4．（ある程度）気楽にやりませんか？

最後、これはシンプルです。評価の議論は、色々考えなきゃいけなくて、すごく息が詰まります。また、授業の内容を考えるのと違って、楽しくないです。保護者からクレームが来たときに備えて、管理職はピリピリしているし、ともすると学校の雰囲気が悪くなります（苦笑）。

以前、教育改革の仕事の一環として、評価について考えていた際、ある大学の先生から、こんなことを言われました。

「そんなに評価評価言われたら先生方苦しくないですか？　もちろん活動から入らず、資質・

能力と評価から入ることはとても大事ですが、先生方が、評価のことばっかり気にするようになって、授業のダイナミックさが失われたら、それはそれでもったいないですよね」。

冒頭、評価は「子どもたちの成長にとって有効なものとする必要がある」と書きました。この評価の「有効性」は、子どもたちだけではなく、「教師が成長するために有効」ということも含むのです。(子どもたちには申し訳ないですが) 先生だって人間なんだから、間違えることもあります。言ってみれば教育も評価も、成長を続けていく、終わりのないプロセスです。ですから大切なのは、間違えた後。間違えてしまうこと自体よりも、間違えることを恐れて、先生が成長の機会を失ってしまうことの方がよっぽど問題です。評価も教育も人生もトライアル&エラーで、すべては成長のため。堅苦しく考えすぎることなく、いろんなことにチャレンジしてみましょう。成長する姿勢のない教師のもとでは、成長する子どもたちは育ちませんよね、先生。

学習指導要領で「一番」大切なこと

皆さん、学習指導要領で、「一番」大切なことって、何だと思いますか?

「社会に開かれた教育課程」「カリキュラム・マネジメント」「『何ができるようになるか』という視点からの資質・能力の明確化」「学習評価の充実」「アクティブ・ラーニング」「見方・考え方」「英語教育の強化」「プログラミング教育の充実」「道徳の教科化」……色々考えられ

ますね。僕はこれは、色々あってよいと思います。「文部科学省の見解や誰かの受け売りを、みんなが同じように言えること」よりも、「先生方お一人おひとりが、自らの言葉で、自分の考えを言えること」の方が、僕はよっぽど大切だと思います。

それを前提とした上で、ちょっと一緒に考えてみたいことがあります。多くの先生方は、学習指導要領本体、読んでいますよね。解説や、指導資料などの参考資料、中教審の答申を読まれた人もいると思います。

では、中教審への「諮問文」はどうでしょうか？　実は読まれた方は、あまりいないのではないでしょうか？

「諮問文」というのは、中教審での議論をスタートしてもらうにあたり、文部科学省から「これこれこういうことについて議論をお願いします。我々の問題意識としては、こういうことです」とお願いをする文章です。中教審での議論の最終的な成果物である「答申」は、色々な利害関係者との調整を反映させていく必要がありますので、ともすると、当初の行政側の狙いとは少し違うものが出来上がったりします。一方で「諮問文」は、基本的には文部科学省の中で決裁を取れば完成させることができます。したがって、文部科学省としての純粋な問題意識が書かれていることが多いのです。ですので、学習指導要領の狙いを読み解くためには、ぜひ一度「諮問文」を読んでいただきたいです。

さて、以下は、その諮問文（初等中等教育における教育課程の基準等の在り方について（諮問）、２０１４年11月20日）からの抜粋です。皆さんは、この文章の中で、どこが一番のポイントだと思いますか？

以上のような問題意識の下、今般、新しい時代にふさわしい学習指導要領等の在り方について諮問を行うものであります。

具体的には、以下の点を中心に御審議をお願いいたします。

第一に、教育目標・内容と学習・指導方法、学習評価の在り方を一体として捉えた、新しい時代にふさわしい学習指導要領等の基本的な考え方についてであります。

僕は、「**一体として捉えた**」という部分がポイントだと考えています。「教育目標・内容」「学習・指導方法」「学習評価」、それぞれについては、これまでも様々な工夫や改善が行われてきました。しかし、残念ながら、それらがバラバラのものとして行われてきてしまったのが課題であり、今回の改革は、こうした重要な諸要素を一体のものとして捉えて、「ストーリー化」しようとしているところに狙いがあるのだと考えています。現に、僕がアメリカの教育大学院で学んだ「カリキュラム開発と評価」の授業でも、この「一貫性」が最も強調されていました。

ワーク⓭

ということで、振り返りのワークに入っていきます。

まず、これまでの12のワークの成果物を並べてみてください。ワーク❶～❸は一旦置いておいて、❹～⓬をご覧ください。上記諮問文で言えば、❽及び⓫が「教育目標」、❹～❻及び❾が「学習・指導方法」、そして⓫及び⓬（〈図表3〉）が「学習評価」に関するものです。どうですか？　それぞれの要素が一貫性を持っていて、ストーリーに仕立てられそうなものになっていますか？　「アクティブ・ラーニング」を含め、日々の教育実践について、❽や⓫に掲げた「教育目標」にどのようにつながるのか、説明ができますか？　「学習評価」の部分は、具体の評価方法に踏み込んでいませんので、まだ抽象的なものでしかありません。しかし、〈図表3〉の各ボックスについて、◯が付いているものにせよ、付いていないものにせよ、具体的な評価方法をイメージすることができますか？　ご自身が実際の学習評価でエネルギーを割いているのは、〈図表11〉や〈図表12〉でいうどの部分ですか？　そしてそれは、❽や⓫の「教育目標」とつながっていますか？　「学習評価」は、子どもたちが「教育目標」を達成したことを証明する、エビデンスにならなくてはいけません。

「だって、ワーク自体の順番や文脈がバラバラだったし……」と言われるかもしれません。

しかし、それこそが学校現場における実際の問題なのです。学校で、こうした「教育目標・内容」「学習・指導方法」「学習評価」について、「一体的に」議論したり、考えたり、振り返ったりする機会が、どれほどあるでしょうか。往々にしてこれらの議論や検討は、断片的なものではありませんか？　他との整合性や一貫性についてはあまり考慮することなく、必要に迫られて、そのパーツについてだけ考えていませんか？　今回のワークで、「アクティブ・ラーニング」が最初に置かれているのも、学校が陥りやすい失敗を反映してのことです。「教育目標」や「学習評価」について考えることなく、いきなり「指導方法」から検討を開始してはいませんか？

では、残った1枚の紙をお出しください。紙を縦に置き、真ん中に縦に線を引いて、**左側には、振り返ってみての「気付き」を、右側には、それを踏まえて、今後「改善」すべきことを、思い付くだけ書いてください。**

さて、締めくくりです。

現行の学習指導要領は、「複雑」「難解」「理想主義的」とも言われたりします。しかし、それを理解するための「コアのコア」は至ってシンプルです。一言で言いましょう。

それは「つながる」ということです。

「教育目標・内容、指導方法と評価」「知識と知識・スキル・体験」「学校と社会（地域・家庭）」「幼稚園、小学校、中学校、高校と大学」「学びと暮らし」「学びと仕事」「今と未来」……。子どもたちと「学び」を取り巻く様々な要素を、しっかりとつないで、紡いで、広げていきましょう。

そのためには、まずもって、先生と子どもたちが、これまで以上に深くつながる必要があります。「ファシリテーション」のセンス、磨いてますか?

また、先生同士、学校と社会のつながりも不可欠です。「カリキュラム・マネジメント」、管理職の皆さん、腕の見せ所ですよ。

コロナによる分断の中、僕たちは「つながり」を求めました。この悶々とした日々の中で、先生方が追い求め、模索したものの中に、学習指導要領の「答え」はあるのです。

たのしんどい学び

お付き合いいただいたワークもいよいよ終わりです。最後に、僕から皆さんにお届けしたい言葉、それは、「**たのしんどい学び**」です。

ここでワーク❷の成果物をご覧ください。右側＝「大人から言われないと、子どもたちがしないこと」に「勉強」と書いていませんか？（笑）

しかし、僕はこれが不思議でならないのです。**なぜ子どもたちは、言われなくても遊ぶのに、言われないと学ばないのか。この両者では何が違うのか。そもそも、「学び」とは何で、「遊び」とは何なのか。**これは世界共通で、世界中の教育者たちが知恵を絞りながら悪戦苦闘している難題です。教育大学院でも、この質問をすると、いつもクラスメートは「うーん……」と言いながら悩んでいました。

〈図表5〉で、アクティブ・ラーニングの目的は、「アクティブ・ラーニングを行うこと」ではなく、「子どもたちを『アクティブ・ラーナー』（生涯にわたって主体的に学び続ける学習者）に育てることだ」と書きました。教師たちは「どうしたら子どもたちは主体的に学んでくれるか？」という問いに、日々向き合っています。

ここで僕が思うのは、そもそも、**どんな子どもであっても、すべての子どもには「楽しいことをしたい！」という欲求と、そして「成長したい！」という欲求が、本質的に備わっている、**

図表14　たのしんどい学び

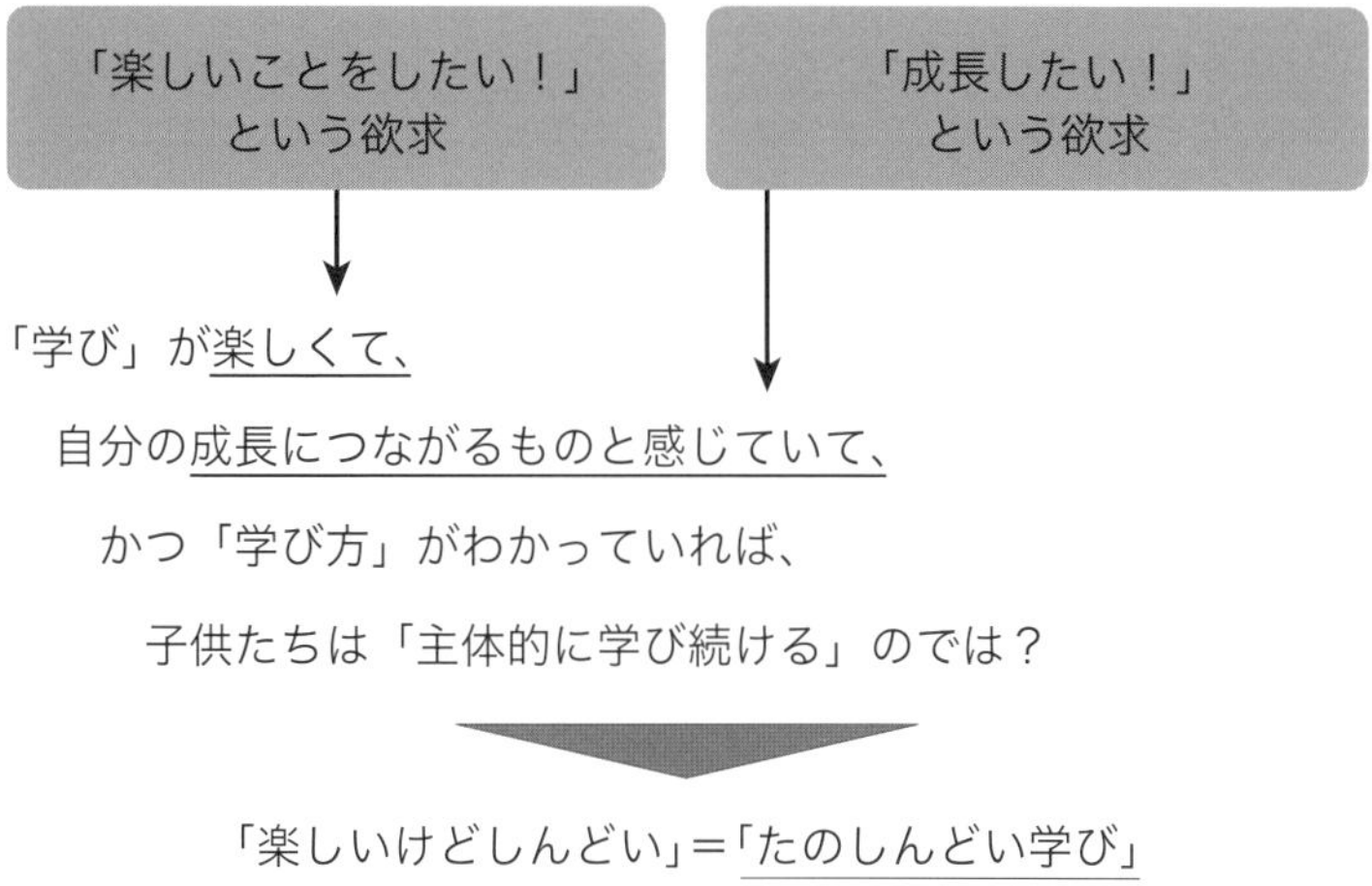
「楽しいことをしたい！」
という欲求
「成長したい！」
という欲求
「学び」が楽しくて、
自分の成長につながるものと感じていて、
かつ「学び方」がわかっていれば、
子供たちは「主体的に学び続ける」のでは？
「楽しいけどしんどい」＝「たのしんどい学び」

（筆者作成）

ということです。〈図表14〉が、僕の教育に対するビジョン、言い換えれば、上記の問いに対する仮説です。

このニつの欲求を、両方刺激することが大切です。一つではなくて、絶対に両方である必要があります。

なぜなら、

「楽しいだけなら学びじゃない。しんどいだけなら教育じゃない」。

僕はそう思うからです。

「そんなこと言われても……」と、思われた先生もいるかもしれません。そんな先生には、〈図表15〉のメッセージを贈ります。「教育の力」を信じて教師になり、初めて子ども

図表15　メッセージ

我々教育者側は、20世紀型の教育しか受けたことがない。

一方で、子供たちは、学校の外では、既に21世紀型の体験や学びをしてきている。

そんな状況の中で、20世紀型の教育者たちは、21世紀型の教育に向き合わなくてはならない。

しかし、「やったことのないことは、出来ない」と言ってしまうのは、

「教育者」としての敗北であるのみならず、

「教育」自体の敗北だ。

子供たちは日々、学校で「やったことのないこと」に取り組み、乗り越え、成長している。

それこそが「教育の力」だ。

「やったことのないことは、出来ない」と教育者が言うのなら、
教育は、無力で価値を持たないものになる。


（筆者作成）

たちの前に立った日のことを思い出してみてください。

これまで色々と書いてきましたが、**僕は、子どもたちの笑っている顔と、真剣に考えている顔が何よりも好き**です。多くの先生方も、そうですよね。**この二つの表情をどれだけ引き出せるか。それこそが「教育の力」であり、学校の存在意義であり、そして、それを求めて子どもたちは、毎日学校にやってくるのではないでしょうか。**

ワーク⑭

では、締めくくりのワークです。**ワーク❶及び❷の成果物を見ながら、ご自身の日々の教育実践をどうすれば少しでも「たのしんどい学び」に近付けることができるか、アイデ**

アを思い付くだけ書いてみましょう。

ワーク⑮

最後に、これまでのワークの成果物をホチキスで閉じ、1枚目に今日の日付と名前を書いてください。

そして、その内容を、同僚の先生方など、お知り合いの方と話し合ってください。また、思い付いたこと、考えが変わったことなどは、随時この成果物の束に書き込んでいきましょう。

「主体的・対話的で深い学び」とか「令和の日本型教育」とか「個別最適で協働的な学び」とか「GIGAスクール」とか、今後も教育改革は「流星群」のように降り続くでしょう。しかし今や皆さんは、改革の「見取り図」を手に入れました。これは基本的には不変のものです。どんな改革が出てきても、あとは「位置付け」の問題です。ご自身の「教育目標」と「学習評価」から逆算して、その改革がどこにフィットするかを考えればいいのです（ただし、次のセクションで書く通り、「教育目標」は、未来永劫不変のものとしてそれに固執するのではなく、学校とご自身の心を常に開き、学校外の人々や子どもたちの声を聴きながら、絶えずブラッシュアップしていくことが必要です）。

「『僕の／私の教育改革』を実現するために、行政の教育改革をどう使ってやろうか」。

その姿勢で臨めば、暗い空の彼方から学校現場にまばゆく降り注ぎ続ける「教育改革流星群」に、いちいち気を取られたり、恐れたり、辟易したりする必要なんてないのです。

2-4 教育改革と、教育者・教育改革者の人生

教育改革「流星群」を降り注がせている、多くの学校外の「教育改革者」たちは、次のように言うことでしょう。

「なんで学校は、こんなシンプルなことがわからないんだ？」

「どうして教師は、こんな簡単なことができないんだ？」

と。

しかし実際には、教育改革というものは、シンプルなものでも簡単なものでもありません。

なぜ教育改革は難しいのか。それは、「**みんな自分自身のこれまでの人生を否定したくないから**」です。実はこれは、教師が無意識のうちに教育改革に対して抵抗感を感じてしまう理由である

と同時に、教育改革者たちが半ば「熱狂的」に教育改革を推し進めてしまう原因でもあります。こうした構造に対する理解なくしては、教育改革を進めることは絶対に不可能です。

まず、教師の立場になって考えてみましょう。

子どものとき、学校が全然楽しくなくて、イヤでイヤでしょうがなかった人が、果たして教師になろうと思うでしょうか？　たまにはそういう人もいるかもしれませんが、大半はそうではないでしょう。学校の先生の多くは、子どもだったときの学校での「成功体験」を引っ提げて、教師になります。

ですが往々にして、「教育改革」というのは、現在の、そしてこれまでの学校教育を否定することから始まります。

学校教育は失敗だ。現在の学校教育は、社会のニーズに合致していない。もちろん現在の社会にも課題がたくさんあるが、それらを作ってしまった原因も学校教育にある。だから社会変革を起こすためにも、学校教育を変えなくてはならない。

これが改革派の基本的なレトリックです。**この文章を教師の立場に立って読めば、「あなたは失敗作です。その上、失敗作をさらに生み出すことに加担する、加害者でもあります」と言**

われていることになります。つまり、生徒として、そして教師として、ダブルで自身の人生を否定されていることになるのです。

これに対して、教育改革を推し進めようとする人々の中には、「自分の人生を客観視することもできないなんて、レベルが低すぎる」と言う人もいるかもしれません。しかし、自分のこれまでの人生を完全に否定するということは、ものすごくしんどいことです。相当強い人でない限り、そこから立ち上がることなんてできません。少なくとも僕にはできません（ついでに言うと、「できている」と自分では思っている人ほど、実際にはできていません）。

さらに、そしてもっと大切なこととして、実は、**教育改革を推し進めようとする人も、結局は、これまでの自分の人生に基づいて、意見を主張しています。**こうした方々はよく「子どもたちのために」とか言ったりしますが、それは、自分の人生を否定したくなくて、でも、はっきりそうは言いたくないので、子どもたちを代弁しているかのように説明しているだけだったりもします。結局のところ、改革派のレトリックというのは、「学校教育が不甲斐ないにも関わらず、自分は自分で努力して、社会の中で成功してきた。この自分の成功体験を、これからの子どもたちに広げていきたい」ということです。

つまりは、**「守り」と「攻め」の違いはあれど、教師も、教育改革者も、その根底にあるの**

は「自分自身のこれまでの人生を否定したくない」という思いなのです。

【はじめに】にも書いた通り、特に昨今は、これまでにないほど、「教育改革」の主張が世論の追い風を受けています。その中では、よく「教師の主張は間違っている」「教育改革者の主張は正しい」と単純に見られがちです。しかし、上記の通り、実際には、依って立つ論拠は両者同じなのです。

もちろん、学校教育が変わるべき点は山ほどあります。ですが、教育改革を巡る議論というのは、「片方が正しくて片方が誤り」というシンプルなものではなくて、「人生観」を含む議論なので、どっちも同じぐらいの正当性を持っていて、言い換えれば、**教育の舵取りを任せるには、どちらの側にも同じぐらいの危険性がある**ということなのです。

そうであるならばどうすればよいか。

僕の答えは、「**だからこそ、子どもたちが教育の舵取りを担うべき**」ということになります。「これまでの人生」よりも、「これからの人生」を見ている子どもたちこそ、最も的確な判断を下せる可能性があります。

では、大人たちは、子どもたちに判断を全面的に委ねて、ただ見守っていればいいのか。それは違います。

僕ら大人の強みは、子どもたちよりも広い世界を知っていることです。

もちろん、僕たちから見た「世界」も、「これまでの人生」によって着色されていますので、ニュートラルなものでは全くありません。でも、僕はそれでいいと思います。無色透明な世界なんて面白くないので、子どもたちは興味を持たないでしょう。「僕が見てきた世界はこうだ。僕が見ている世界はこうだ」という話にこそ、魅力も説得力もあります。

しかし、ここで注意しなくてはいけないのは、**一つの世界観だけを子どもたちに押し付けてはいけない**、ということです。

出来るだけたくさんの「僕から見た世界」を子どもたちに提供し、その上で、最終的な判断は子どもたちに委ねる、ということが大切です。そして、そうした判断ができる力を育むためには、「子どもたち自身の目で、広い世界を直接見ることができる機会」を可能な限り多く届けていく必要があります。

学校の先生は、ともすると、外からの批判を恐れて、「僕から見た世界」の中に子どもたちを閉じ込めてしまいがちです（これ自体も「これまでの人生を否定したくない」という防衛本能から来るものなのですが）。**だからこそ、そうならないように、学校を開いていく必要があ**

るのです。

詰まるところ、**僕ら大人の唯一にして最大の役割、それは、過去の人生にしがみつくことではなくて、これからの子どもたちの世界を広げること、これに尽きる**のではないかと思います。

この共通のゴールに向けて、立場を超えて大人たちの力を結集することができれば、誰かの人生を否定し、教育改革などというものを強引に進めなくても、結果として、教育は「自然に」変わっていくと思うのです。

2-5 教育観の転換とは、人生観の転換「ではない」

前のセクションで、(改革を推し進める方向であれ、押しとどめる方向であれ)大人たちの「教育観」が、如何に自らの「人生観」と強固に結び付いているかを書きました。お読みいただいた方の中には、「要は、これまでの自分自身の人生から離れて教育を行うべしってことね」とお感じになられた方もいるかもしれません。

しかし、**そうではありません。**

教師の人生観、すなわちこれまでの歩みや信念、価値観から離れた教育ほど、無味乾燥なものはありません。仮に教育改革者が、教師一人ひとりの人生観を無視して、「新たな教育」を行うよう教師に義務付けたとしても、うまくいくことは絶対にないでしょう。たとえそれがどんなに子どもたちに「社会に出てから必要となる力」を育む、「アクティブ・ラーニング」だったとしても、です。

【2－3】でも書きましたが、この原稿を書いている時点での超ホットトピックであるChatGPTをはじめ、AIを含むテクノロジーが急速に進化する中にあって何より人間に必要なもの、僕は、それは「**価値判断する力**」だと考えています。「これは、自分が進むべき道なのか」「このことは、人類はもちろん、すべての生物にとって善か」「それは、未来の地球にとって正しい選択肢か」、こうした問いに対して、自分なりの最善解や納得解を導き出す力。こうした力を育むためには、学校において多様な価値観に接し、考え、悩みながら、自らの価値観を形成していくことが絶対的に不可欠です。そうであるにも関わらず、教師たちの人生観を「封印」し、自らの信念や価値観を子どもたちに伝えるのを許さず、「私たち、教育改革者側の価値観にのみ基づいて授業をしなさい」と強制するのは、むしろ子どもたちの貴重な学びの機会を剥奪するものです。

実際、僕の知っている多くの素晴らしい教師たちは、ご自身の人生を雄弁に語られます（皆さんの記憶に残っている先生たちも、そういう人だったりするのではないでしょうか）。「世界で2番目（親の次）に身近な大人」である教師による、こうした「自分語り」は、子どもたちが自らの価値観を探究する大きな道標になるでしょう。

ただ、注意しなくてはいけないのは、「子どもたちに対する教師の影響力は、教師自身が思っている以上に大きい」ということです。教師の語りは、それが「正解」だと子どもたちを思わせてしまう、強烈な「洗脳」のパワーがあります。

ですから、前のセクションでも書いた通り、自らの人生観の中に子どもたちを閉じ込めてはいけないのです。他方で、だからと言って、完全に自身の人生観を否定する必要もありません。

だから僕は、**教師に必要なのは、「人生観への固執」でないのはもちろん、「人生観の転換」でもなくて、「人生観の拡張」**だと考えています。自分自身のこれまでの歩みや信念、価値観に根差しつつも、そこにとどまることなく、できる限り広げていくよう試みる。**それこそが成長し続ける教師の姿**です。

教師の皆さん。

教育改革者たちが何を言ってきたとしても、また、（学歴や肩書を含めて）彼らの人生が一見どんなにキラキラしたもののように見えても、彼らの人生の方が優れていて、皆さんの人生が劣っているなんてことは、絶対にありません。どうぞご自身の人生に誇りを持ってください。

ただ、前のセクションで書いたように、子どもたちの意見に対して、積極的に、そして真摯に耳を傾けてください。ご自身の人生観と同じぐらい、子どもたちの人生観も尊重してください。そして併せて、自らの人生観を揺さぶり、ご自身の人生をより豊かにするような経験もたくさん積んでください。一見「アウェイ」と感じるような場にも臆さず、積極的に顔を出して、異なる価値観・人生観を持った人たちと交流・対話していただきたいです。お忙しいとは思いますが、仕事の合間を縫って、文化芸術やスポーツなど、魂を揺さぶってくれるようなアクティビティにも、いっぱい参加してください。

子どもたちの人生が子どもたちのものであるのと同様に、先生の人生も、先生のものです。自分自身の人生を大切にできる教師のもとでこそ、人生を大切にできる子どもたちは育つ。僕はそう信じています。

コラム③

「個別最適な学び」が持つ、子どもたちを「取り残す」力

初稿をお送りした後、担当編集者である加藤さんから次のような連絡がありました。「日本では今も『個別最適な学び』がホットトピックなんですが、それについての記述を盛り込むことはできませんか？」。

この本ではここまで、個々の「手法」に関する考えや解説などは、極力盛り込まないようにしてきました。それは、【2－3】の「15のワーク」にも書いた通り、僕（や誰か）の受け売りに従って特定の手法を実行していただくよりも、先生一人ひとりの考えに基づいて、必要な取組を進めていただくことの方が重要だと思うから。教育委員会で教育改革を進めていた際には、現場の先生方から「この実践は、県の目指す改革に合致していますか？」と聞かれることがしばしばありました。そのとき僕は、僕なりの考えをお伝えしつつも、先生方に「先生ご自身は、なぜこの実践が必要だと思われますか？」と尋ねていました。つまり、国や教育委員会にとって必要な改革や手法ではなく、目の前の子どもたちにとって必要な改革や手法を実践していただくことの方が、よっぽど大切だと思うのです。

こうしたことを前提としつつ、ここではあえて、「個別最適な学び」に特化して、僕の考えを述べたいと思います。それはなぜなら、**「個別最適な学び」という「マジックワード」には、僕の理想とする学校や教育に近付ける多少の可能性と、そこから遠ざかってしまう大きな危険性があるから**です。

図表16　ティーチングマシン

出典:https://www.youtube.com/watch?v=jTH3ob1IRFo（最終確認2023年10月8日）

最初に、〈図表16〉をご覧ください。

これは、今から遡ること約70年前、1950年代に、ハーバード大学教授のSkinner（B. F. Skinner）が開発した「ティーチングマシン」という機械です。[14] この機械では、まず、特定の問題が表示され、学習者が回答を記入した後、ハンドルを回すことにより正答が示されます。正解だった場合には、レバーを動かすと次の問題が表示され、これらは段階的に難しいものとなっていきます。写真にある通り、生徒たちはクラスで同じ機械を使って同じように学んで

14：以下のYouTubeで、実際に子どもたちが使っているところを見ることができる（最終確認2023年10月8日）。
https://www.youtube.com/watch?v=jTH3ob1IRFo

いますが、解いている問題は、個々の生徒で異なります。すなわち生徒たちは、自らのペースで、自らのレベルに合った難易度の問題を学ぶことができます。

どうでしょう？　これは皆さんの考える「個別最適な学び」の理想像に近いですか？

「そもそも論」から立ち返って考えてみましょう。**そもそも、なぜ「個別化」、そして「最適化」が必要なのでしょうか？**　文部科学省は「全ての子供に基礎的・基本的な知識・技能を確実に習得させ、思考力・判断力・表現力等や、自ら学習を調整しながら粘り強く学習に取り組む態度等を育成するため」には、「個別最適な学び」が必要だと主張しています。[15]確かに、直感的には、大人数教室での一斉指導（一方通行型の講義など）よりも、自分の理解度に合った内容を、自らのペースで学ぶことができた方が、効果的に学ぶことができそうな気はします。しかし、この感覚は本当に正しいものでしょうか？

歴史を紐解けば１９８４年、アメリカの教育学者、Bloom（Benjamin S. Bloom）は、「完全習得学習（Mastery Learning）」という指導法を用いて、マンツーマンの個別指導を行った場合、通常の大人数・講義ベースの授業と比べて、生徒のテストの点数を大幅に向上させることが可能であることを発見しました[16]（その差が標準偏差二つ分だったことから、「２シグマ問題」と呼ばれます）。「完全習得学習」とは、ものすごくざっくり言えば、「学習・指導→形成的評価（テストなどによるチェック）→クリアできなかった点に関する追加学習・追加指導

15：中央教育審議会『「令和の日本型学校教育」の構築を目指して～全ての子供たちの可能性を引き出す、個別最適な学びと、協働的な学びの実現～（答申）』（2021年1月26日）

16：Bloom, B.E.（1984）.The 2 sigma problem: The search for methods of group instruction as effective as one-to-one tutoring. *Educational Researcher, 13*(6),4-16. https://doi.org/10.3102/0013189x013006004

（もしすべてクリアできていた場合には、次のレベルへ進む）」といったプロセスを、学習目標全体が達成されるまで繰り返す、という学習・指導方法です。なるほど、これは確かに、「個別化」「最適化」の有効性を示す一つの証拠になりそうな気がします。

しかし、この実験と、現在の我が国における「個別最適な学び」の議論で大きく異なる点が一つあります。それは、Bloomの実験で行われたのは、生身の人間（チューター）によるマンツーマンの指導であるのに対し、現在の「個別最適な学び」は、テクノロジーの活用が前提とされている点です（現に、文部科学省も「ICT環境を最大限活用し、『個に応じた指導』を充実していくことが重要」としています[17]）。これはある意味では当然のことで、小規模の実験とは異なり、現在進められようとしているのは、日本全体の「教育改革」です。すべての学校において、人間によるマンツーマン指導を実現しようとすれば、すさまじいコスト（教師の数、時間、負担）が必要となり、それはさすがに非現実的です。しかしここで、AIドリルなどのテクノロジーを活用すれば（すなわち、「人間による子どもたちの見取りと支援」の代わりに、「ビッグデータとAIを活用したフィードバック」を行うことにより）、低コストで、同様の効果を実現できる可能性があるのではないか、ということです。では、果たして、（現在の水準の）**テクノロジーによる学びの個別最適化は、生身の人間によるそれと、同様の成果を得ることが本当に可能なのでしょうか？**

17：中央教育審議会初等中等教育分科会教育課程部会『教育課程部会における審議のまとめ』（2021年1月25日）

僕の理解では、「テクノロジーベースの個別最適な学び」の効果に関する研究のエビデンスは混在しており、「何とも言えない」というのが現状だと思います。[18] しかし他方で、多くの研究が、ネガティブな**「副作用」の存在**も示しています。**その最大のものは、「子どもたちの間の格差を広げる恐れがある」ということ。**文部科学省は「誰一人取り残すことのない」という冠を「個別最適な学び」の前に付けていますが、これは、「『個別最適な学び』には、誰一人取り残さないようにできるパワーがある」というよりも、むしろ「子どもたちを取り残す危険性があるので、そうならないよう（そのような「個別最適な学び」を行わないよう）気を付けなくてはいけない」という警鐘と捉えるべきだと僕は考えています。実際、**（少なくとも米国における数十年の）歴史が示唆しているのは、「テクノロジーベースの個別最適な学び」は「取り残される子どもたちの数を増やしてしまう恐れがある」**ということなのです。

例えば、アメリカにおいて、「学習の個別化」の代表格として取り扱われることも多いMOOCs（Massive Open Online Courses）。MOOCsは、日本語にすれば「大規模公開オンライン講座」、すなわち、様々な大学等の講座が掲載されたオンライン上のプラットフォームのことを指します。各講座のページには、教材のみならず、講師による解説動画や、理解度をチェックするためのテストなども掲載されています。多くの場合、受講料は無料です（修了証書等を取得する場合を除く）。10年以上前、アメリカでこのシステムが導入された際には、「誰

18：Reich, J.(2020). *Failure to Disrupt: Why Technology Alone Can't Transform Education.* Cambridge: Harvard University Press. を参照。

もが自分の興味があることを、自分自身のペースで学ぶことができる！」「家庭環境や居住地域に関わらず、質の高い大学の講義にアクセスすることができる！」と、大きな期待が広がりました。しかし、時が経つにつれて明らかになったのは、「こうしたツールは、（無料であるにも関わらず）学力面あるいは学習環境面で恵まれた層の学習者たちに最もメリットがある」、逆に言えば、「恵まれない層の学習者にはあまりメリットがない」ということでした。そして、こうした学習者が学習を継続する上で最大のボトルネックになったもの、それは、文部科学省が強調する「自ら学習を調整しながら粘り強く学習に取り組む力」だったのです。こうした力（Self-Regulated Learning Skills）は非常に重要である一方、かなりレベルの高いもので、身に付けるのは容易なことではありません。そうであるにも関わらず、オンラインでの学習となると、教師等から受けられるサポートは、対面の場合と比べて大きく低下せざるを得ません。結果、様々な研究によって明らかになったのは、皮肉とも言える、以下の二つの事実でした。[18]

第一に、「**オンラインでの個別化された学習を完結できるのは、対面での集団による学習を完結できる者だけ**だ（＝対面での授業で困難を抱えていた学習者は、オンラインによる個別化された学習では、もっと困難を抱えることになる）」ということ。そして第二に、「**オンラインでの個別化された学習を完結できるのは、『自ら学習を調整しながら粘り強く学習に取り組む力』が、最初から備わっていた者だけ**だ（＝「学習が個別化されれば、自ら学習を調整できる力が身に付く」のではなく、「自ら学習を調整できない学習者にとっては、個別化された学習を進めることはできない」）ということだったのです。

これに対して、「いやいや、MOOCsでは、学習者の理解度に応じた問題が提示されるわけではない。だから、これは『個別最適な学び』なんかではない」という反論があるかもしれません。

なるほど、では、「Duolingo」はどうでしょうか？　Duolingoは、5億人以上が学ぶ（2021年時点）[19]、世界で最もポピュラーな語学学習アプリです。「AIと言語科学の長所を組み合わせたレッスンは、一人ひとりの学習状況によって常に変化するため、誰もが最適なレベルとペースで学習することができ」、Duolingo自身も「Personalized Learning」であることを謳っています。[20]それだけではなく、Duolingoは、「Gamification」というアプローチを採用しています。これは一言で言えば「学習のゲーム化」です。

〈図表17〉がDuolingoのプラットフォームです。レッスンでは随所で、楽しいアニメーションや効果音が流れます。また、レッスンをクリアすると、経験値（XP）と、ジェム／リンゴットという仮想通貨を獲得することができます。そして、アプリ内にはショップがあり、ジェム／リンゴットを使って、より効率的に経験値を獲得するためのアイテムを購入することができます。さらに、ゲーム性をより一層高めるのは、画面右側にある「ランキングボード」です。

19：https://blog.duolingo.com/2021-duolingo-language-report/（最終確認2023年10月8日）
20：https://ja.duolingo.com/（最終確認2023年10月8日）

経験値をもとにランキング化がなされ、学習者は、他の学習者（プレイヤー）と競争しながら、学習を行うことができます。

どうでしょうか？「一人ひとりのペースに合った学習」「AIを活用した、一人ひとりのレベルに応じた問題」「Gamification」「楽しいアニメーションや効果音」「即座のフィードバック」「アイテム」「ランキングボード」などなど。楽しく学習を続けられそうではありませんか？

図表17 Duolingo

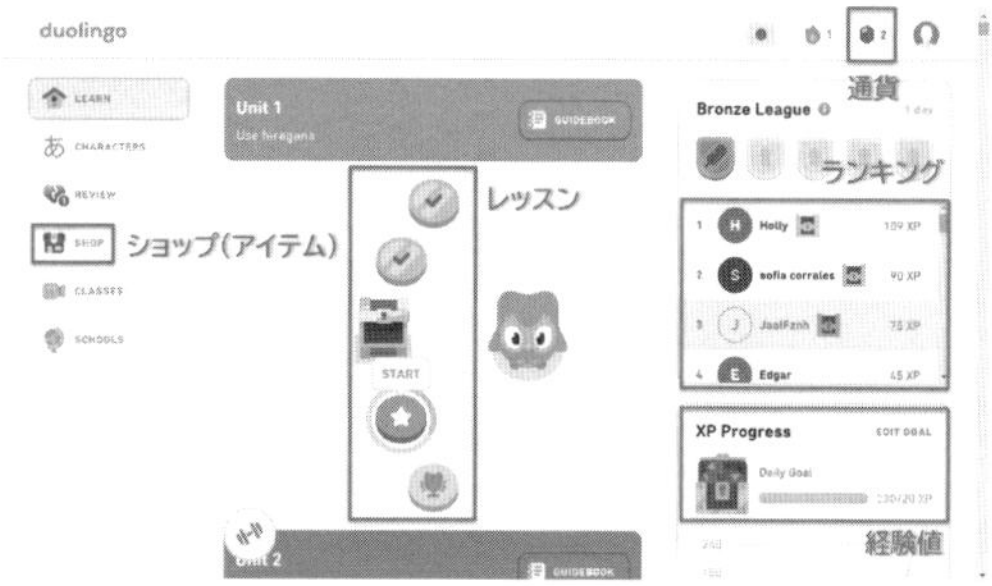

ところが。大学院での課題の一環として、僕も実際にアプリを使ってみました。そして学習開始から25日後、こんなお祝いのメッセージが流れました。「おめでとう！ 25日連続で学習を続けられるのは、全体の3％だけだよ」。つまり、97％の学習者は、25日間すら学習を継続することができていないのです。

実際、Duolingoをはじめとする、「Gamification」の手法を活用した「個別最適な学び」（Personalized Learning）の有効性については、様々な研究が行われていますが、（Duolingo社自身が行った、「査読付き」ではない研究を除いて）それらの大半が示しているのは、「こうしたアプリは、学習の継続には効果的ではない」ということです。[21] すなわち、「**学習**

21：van Roy, R., & Zaman, B.（2017）.Why gamification fails in education and how to make it successful: Introducing nine gamification heuristics based on self-determination theory. *Serious Games and Edutainment Applications*, 485-509. https://doi.org/10.1007/978-3-319-51645-5_22を参照。

者に明確な動機（ゴール）がない限り、どんなに『小手先』で学習を面白そうにしたとしても、学習は続かない」ということなのです。

そして、この問題は、「動機付け」の理論から説明ができます。最も代表的な理論の一つである**「自己決定理論（Self-Determination Theory）」**[22]**では、学習者のモチベーション向上・維持のためには、①自律性（Autonomy）、②関係性（Relatedness/Belonging）、③自己有能感（Competence）の3点が重要であると指摘**されています。このうちの①自律性について見てみましょう。〈図表17〉に示したDuolingoのカリキュラムをご覧いただくとおわかりのように、レッスンは単線的かつ直線的で、「レッスン1をクリアしたらレッスン2」という流れで進んでいきます。また、問題も「正解」「不正解」がはっきりした、シンプルなものです。よって、そこには（自らのペースで学習することは可能であっても）学習者が自律的に学習内容をデザインしたり選択したりできる余地はほとんどありません。また、レッスンをクリアするともらえる経験値や仮想通貨、さらにはランキングボードを通じた他者との競争などは、「外発的動機付け」の典型例ですが、こうした動機付けの方法は、学習者の自律性を阻害してしまい、学習の継続には有効ではないことがわかっています。加えて、②関係性について見た場合でも、なんせ「個別」ですから、他の学習者との関わりやつながりは深まりにくい環境にあります（実際Duolingoには、そうした機能はほとんどありません）。「ならば、自律性

22：Ryan, R.M., & Deci, E.L.(2000).Self-determination theory and the facilitation of intrinsic motivation, social development, and well-being. *American Psychologist, 55*(1),68-78.

を高めればいいじゃないか！」と思われるかもしれませんが、数ページ前を思い出してください。自律性の高い学習に取り組むためには「自ら学習を調整しながら粘り強く学習に取り組む力」が必要です。よって、そこに課題のある学習者は、このような学習を継続させることは困難です。

つまりは、**「テクノロジーベースの個別最適な学び」には、それが自律性の高くないプログラムの場合にはモチベーションの面で、自律性の高いプログラムの場合にはスキルの面で、困難を抱える学習者の学習継続を拒むシステムが内在しているのです。**

そもそも、学校教育というシステムには一般的に、「恵まれた子どもたちをより恵まれたものにし、そうではない子どもたちをより苦しい立場に追い込む」という格差拡大効果があると言われます（**「マタイ効果」**や**「マシュー効果」（Matthew Effect）**と呼ばれています）。かつてはアメリカでも、（上記MOOCsの例でも書いたように）「テクノロジーが、このような効果を軽減、さらには解消し、より公平な教育、そしてより公平な社会を実現するのではないか」と期待された時期もありました。しかし、（こちらも上記MOOCsの例で書いた通り）数十年にわたる試行錯誤を経て明らかになった結果はむしろその逆、「テクノロジーは、より一層格差を拡大する」ということでした。しかもこれは、「目に見える、対処しやすい格差」ではなく、「目に見えない、より根深い格差」であることがわかってきています。日本では「テクノロジー（ＩＣＴ）における格差」と言えば、「デジタル端末を持っているかどうか」「家でインターネットにつながるかどうか」という「アクセスの格差」、いわゆる「Digital Divide」の問題が取り上げられることが多いと思いますが、２０１６年のアメリカ連邦教育省の報告書で取り上げられているのはそうではなく、「Digital "Use" Divide」の問題です。[23] テクノロジーの活用方法について調べた研究では、恵まれた層の生徒ほど、テクノロジーをより積極的（Active）に活用するのに対して、そうではない生徒はより受動的（Passive）に使う傾向があることがわかりました。具体的に言えば、恵まれない生徒たちは、ＰＣやタブレットを、ワークシートをデジタルに置き換えただけの学習（ドリル学習など）や調べ学習でしか使っていないのに対し、恵まれた層にある生徒たちは、他の学習者や専門家との協働、制作物のデザイン、国境を越えたつながりの構築などに活用していました。これは、ＰＣやタブレットが「道具」であることを踏まえれば、ある意味では当然のことで、道具の活用方法は、教師や生徒の「思考や日常の範囲」を超えることはできません。**テクノロジーがない状態でも「豊かな学び」を実施してきたクラスにおいては、テクノロジーを活用することによって「より一層豊かな学び」を展開することができる一方で、ドリル学習や教科書をなぞるだけの学習などの「浅い学び」ばかりに注力してきたクラスでは、たとえ「一人一台端末」が実現したとしても、（ともすれば「個別最適な学び」と銘打った）「デジタル化されただけの浅い学び」が展開されることになります。**結局のところ、テクノロジーは、それだけで授業の在り方や「深さ」を抜本的に変

23：U.S. Department of Education『*2016 National Education Technology Plan*』

えてくれるものではなく、むしろ、既存のスタイルをより強固なものにし、結果として「教育のマタイ効果」、すなわち格差を拡大することになるのです。

「革新的」（Innovative）と言われるテクノロジーが登場するたびに、開発者や企業は「このテクノロジーが公平な社会を創造する！」と謳い、世の中も、淡い期待を抱きました。しかし、歴史が明らかにしてきたのは、むしろその逆、すなわち「テクノロジーは、社会に存在する不公平を、再生産し、拡大する」ということです。これは、開発者が悪いわけでも、テクノロジーが未熟なわけでもなくて、教育というシステムに埋め込まれた「格差を再生産し、拡大する力」が、私たちの想像をはるかに超えるほど強力なものだということです。ですから、教育者たちは、こうした「副作用」を強く認識し、これに抗っていかなくてはいけません。しかし、ともすると、**最先端のテクノロジーという「魔法」を手に入れた、「個別最適な学び」という耳あたりのよい「マジックワード」には、「このアプリを生徒たちに提供しさえすれば、困難を抱える生徒たちも自律的に学べるようになるだろう（テクノロジーがそのようにしてくれるだろう）」と、マタイ効果に対抗するための努力を教育者に放棄させてしまう、あるいは、放棄する言い訳を与えてしまう、「負のパワー」があるの**です。

「個別最適な学び」と、学習科学

これまで、「テクノロジーベースの個別最適な学び」に関する歴史を振り返ってきましたが、そもそも歴史というものは繰り返すものです。「幾何学の父」、ユークリッド（Euclid）は、紀元前300年頃に、次の言葉を残しました。

Most ideas about teaching are not new, but not everyone knows the old ideas.[24]
～教育に関する大半のアイデアは新しいものではない。単に多くの人たちが古いアイデアを知らないだけだ～

昨今、一部のEdTech企業などから、『個別最適な学び』に関するアプリの活用などにより、暗記型・知識定着型の学びを大幅に効率化することが可能[11]。その結果生まれた教師や児童生徒の時間的余裕を使って、対話的・協働的で深い学びを行うことができる」という主張がなされています。しかし、この主張もまったく新しいものではありません。前のセクションの冒頭で紹介した「ティーチングマシン」を開発したSkinnerは、1954年の論文で、次のように

24：Dr.Edward Prather, University of Arizona『*Learner-Centered Teaching in Physics and Astronomy*』(https://www.aapt.org/Conferences/newfaculty/upload/Learner_Centered_Teaching_Prather.pdf)（最終確認2023年10月8日）

述べています（Skinner, 1954, p. 208）。

Of course the teacher has a more important function than to say right or wrong. The changes proposed would free her for the effective exercise of that function.[25]
〜当然教師は、単に正解か不正解かを言うことよりも重要な役割を担っている。私が提案する変化は、教師がこうした役割を効果的に発揮できるようにするだろう〜

If the advances which have recently been made in our control of behavior can give the child a genuine competence in reading, writing, spelling, and arithmetic, then the teacher may begin to function, not in lieu of a cheap machine, but through intellectual, cultural, and emotional contacts of that distinctive sort which testify to her status as a human being.[25]
〜もしも私たちが近年成し遂げた、子どもたちの行動をコントロールする技術の進展により、子どもたちが読み、書き、綴り、算数の真の能力を獲得できるようになれば、教師は安っぽい機械の代わりではなく、知的で、文化的で、情緒的な関わりという、人間としての地位を証明するような役割を担い始めることができるかもしれない〜

25：Skinner, B.F.（1954）.The science of learning and the art of teaching. *Harvard Educational Review, 24*,86-97.

図表18　二つの「学習プロセス観」（まっすぐ、くねくね）

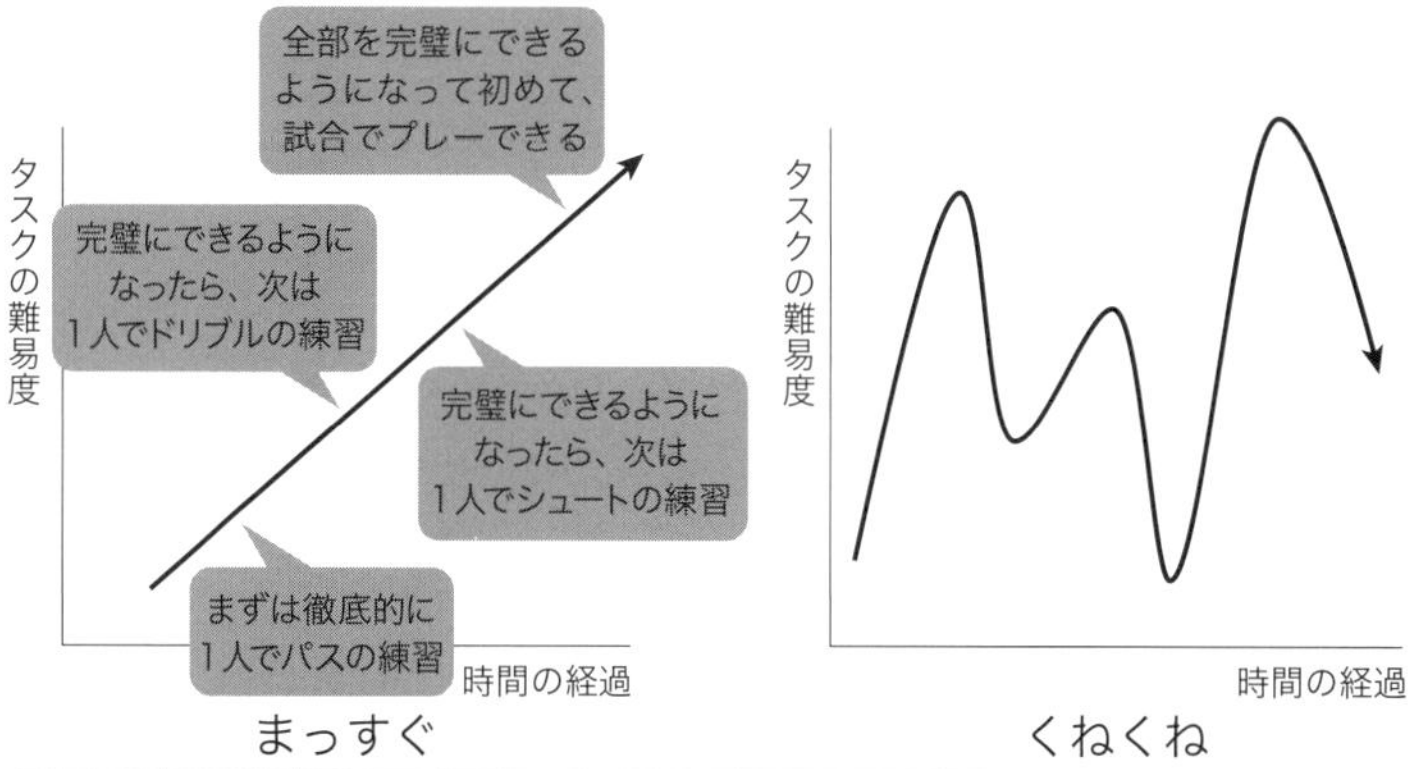

まっすぐ ＝「レベル上げ」ばかりのドラクエ/狙撃練習が続くフォートナイト/ひたすら「材料集め」のマインクラフト

（筆者作成）

提案から約70年。この主張の正当性と実現可能性は、いずれも未だに判然としません。ただ、そうしたエビデンスの問題以上に、僕が問題だと考えているのは、**この考え方が、直線的で一方通行型の学習プロセス観、すなわち【2-3】で書いた、「電車型の教育観」に基づいているのではないか**、ということです。より具体的に考えてみたいと思います。〈図表18〉をご覧ください。

ここには二つの「学習プロセス観」がありますが、左側が「電車型の教育観」、すなわち「まっすぐプロセス観」です。「まっすぐプロセス観」のもとでは、学習は、直線的かつ右肩上がりです。すなわち、時間の経過とともにタスクの難易度は段階的に増加していきます。また、個々のタスクは、それぞれ切り離された別個のタスクとして捉えられています。そして重要なことは、タスクは一方通行だということです。「レベル1」のタスクをクリアしない限り、「レベル2」のタスクに進むことはできません。

学習をサッカーに例えてみましょう。「レベル1」のタスクは「一人でパスの練習」だとします。これを徹底的に行いマスターする（一定のレベルに達する）まで、「レベル2」である「一人でドリブルの練習」に進むことはできません。そして、進んだとしても同様です。今度はドリブルをマスターするまでは次に進めず、さらにその先はシュートの練習（レベル3）です。このように、「基礎的」な（と一般的には言われるものの、実際にマスターするのはかなり難しい）各タスクのクリアを積み重ねて初めて、みんなと一緒に試合でプレーできるようになるのです。

ここで皆さんに問いたいのは、次の質問です。「パスの練習、ドリブルの練習、シュートの練習、そして実際の試合。この中で、一番楽しいのはどれですか?」。言うまでもなく、最も楽しくて「サッカーの醍醐味」とも言えるものは、「試合でのプレー」でしょう。教育改革を進めていた際、僕は、このように学校教育をサッカーに例えて、「今の（もちろん体育だけではなくあらゆる教科の）授業は、ドリブルやパスの練習が中心。もちろん基礎練習も大切ですが、そこには、生徒たちが手に入れた知識やスキルを総動員して他の生徒たちと協働するような、『試合』を行う機会はありますか?」と問題提起しました。しかし、最も多かった先生方の反応は、「ウチの学校の生徒たちは、まだ『試合』ができるようなレベルじゃないので」というもの。「習得→活用→探究」という段階論が如何に根強いかを思い知らされました。

前述のEdTech企業やSkinnerの主張は、これと同じではないでしょうか。すなわち、「知識定着型の学びが終わったら、対話的・協働的な学びに進める」、言い換えれば「パスやドリブルなどの基礎練習を完璧にマスターしたら、試合ができる」という考え方です。これは要は、一番楽しい部分を後回しにして、一番つまらない部分だけ先にひたすらやらされるようなもの。言ってしまえば、〈図表18〉に書いた通り、「『レベル上げ』ばかりのドラクエ」「狙撃練習が続くフォートナイト」「ひたすら『材料集め』のマインクラフト」です。その結果、子どもたちはどうなるでしょうか？　こうしたプロセスに疑問を感じることなく、半ば盲目的に、目の前の基礎トレーニング（反復学習や暗記型学習）に打ち込むことができる子もいるでしょう。そしてこの子たちが、学校におけるいわゆる「優等生」になります。しかし一方で、このような脱文脈化された、反復・暗記型学習に意味を見出せず、いつまで経っても「試合」にたどり着けない子どもたち（前のセクションで述べたような、「明確な動機（ゴール）を持てない子どもたち」など）もたくさんいます。結果、この子たちの多くは（Duolingoを25日間続けられない、97％の学習者のように）、途中で学習をドロップアウトしてしまうのです。

この「電車型の教育観」「まっすぐプロセス観」は、学習理論で言う「行動主義」（Behaviorism）[26]そのものです（実際、前述のSkinnerは、行動主義の大家だと言われます）。教育心理学の歴

26：「人間には自由な意志というものは存在せず、人間の行動は、与えられた環境に基づいて決定される」という考え方。「パブロフの犬」のように、人間の学習も行動も、反復的なトレーニングと報酬（あるいは罰則）によりコントロールすることができると考えた。いわゆる「ドリル学習」における学習観で、「暗記中心」「1つの明確な答えが存在」「徐々に難易度が上がる直線的なカリキュラム」などが重視される。

史は、ある意味では、（今も続く）行動主義との闘いだったと言うことができると思います。段階的に難しくなるドリル学習を通じて、徹底的に子どもたちに知識を叩きこむ。よくできた場合にはよい成績という報酬を与える一方、できなかった場合には体罰や居残り学習という罰則を科し、子どもたちの行動を（犬や鳩やラットのように）コントロールする。こうした教育観や学習プロセス観に違和感を覚えた先人たちは、「社会構成主義」[27]（Social constructivism）をはじめとする新たな理論を生み出しました。言うなれば、〈図表18〉右側の「くねくねプロセス観」です。たとえ技術は未熟であっても、「試合」に出て、自らのパフォーマンスと目指すべき姿を振り返ることにより、自身の強みと弱みを知り、トレーニングの必要性と有用性を子どもたち自身が実感する。すなわち、知識やスキルの意味や価値（「なぜそれに意味があるのか？」「なぜそれが必要なのか？」）を自ら構築する。それを経た上で再び試合に臨み、培った能力を実践で試してみる。そして再びトレーニング。そんな繰り返しこそが、社会構成主義、「自動車型の教育観」、そして「くねくねプロセス観」に基づく学びの姿なのです（実際、いわゆるAIドリルの前身とも言える“Cognitive Tutors”というソフトウェアを使った実験では、授業時間の40％において同ソフトを活用した個別学習（個別最適な学び）を行いつつ、残りの60％の時間では、少人数グループによる協働的な課題解決学習を実施した場合に、高い学習効果が現れたと報告されています[28]）。

文部科学省は「個別最適な学び」と「協働的な学び」を一体的に充実することを強調してい

27：「学習とは、置かれた文脈や学習者の文化から切り離された知識を単に暗記することではなく、学習者が、他者や学習内容、学習環境との相互交流を通じて、自ら知識の意味付け、価値付けを行うものである」という考え方。「知識の活用、他者との協働や対話、学習の振り返り」「実践的でダイナミックなカリキュラム」などが重視される。

ますが、このような学習観のもとでは、「個別」と「協働」の明確な線引きも、『個別』をマスターしたら『協働』に進める」という段階論もありません。**「自動車型の教育観」において、「学びのハンドル」を手にした子どもたちは、教師の支援のもと、「個別」と「協働」の間をシームレスに躍動しながら、自らが設定したゴールに向かって、ダイナミックに学びの軌跡を描いていく**のです。

以上と比べてみたとき、どうでしょうか？　お気付きのように、上記のEdTech企業やSkinnerの主張は、一見、社会構成主義的な学びの必要性をアピールしているように見えつつ、実は行動主義のフレームから離れることができていないのです。**この、新しいものを生み出してくれそうな「響きのよさ」と、結局は旧来型の価値観やフレームワークの中に教育を閉じ込めてしまう「実態」との乖離が、「個別最適な学び」という「マジックワード」が持つ大きな危険性**です。そして、ここでも見たように、やはり「個別最適な学び」は、盲目的に基礎練習に取り組める「優等生」と、そうではない子どもの間の格差を広げてしまう、すなわち、より多くの子どもたちを「取り残す」ことにつながる危険性があるのです。

色々と書きましたが、はっきりさせておきたいのは、僕は『個別最適な学び』なんてやらなくていい」と言いたいわけではありません。僕が主張したいのは三つ。第一に、「個別最適な学び」は、新しいものでも流行でもない、ということ。つまり、安易に流行に乗る必要もな

28：Corbett, A.T., Koedinger, K., & Hadley, W. S.(2001).Cognitive tutors: From the research classroom to all classrooms. In P. S.Goodman (Ed.),*Technology enhanced learning: Opportunities for change* (pp. 235-263).Lawrence Erlbaum Associates Publishers.

ければ、単なる一過性のものと軽んずるべきものでもありません。そこには、歴史の積み重ねがあり、僕たちはそこから学ぶことができるし、学ぶ必要があります。また第二に、「個別最適な学び」とテクノロジーは、（一旦）切り離して考えるべきであり、テクノロジーを活用しなくても十分実現できる可能性があるということ。テクノロジーを使った方が、なんとなく「それっぽい」、キラキラしたものが出来上がりますが、実際には、「Digital“Use”Divide」あるいはマタイ効果を増幅させる可能性があり、「さらに多くの子どもたちが取り残される」恐れがあるのです。

そして第三には、「個別最適な学び」は、必要な力を子どもたちに育むための「唯一無二の手段」ではない、ということです。「個別最適な学び」は、あくまで手法の一つであり、手法を前提にした、あるいは手法のみを切り離した議論に、教育上の価値はほとんどないということは、「15のワーク」で見た通り。ここアメリカから見ていると、学習指導要領の議論において、こうした「手法偏重」の議論から脱却しようとして、アクティブ・ラーニングのトーンを弱めた文部科学省が、また、その過程の中で「マジックワード」の危険性を十分認識したはずの文部科学省が、再び「個別最適な学び」という新たな手法かつ「マジックワード」をクローズアップしているのは、いささか不思議にも映ります。

上記と矛盾して見えるかもしれませんが、僕は、**「個別最適な学び」は、「手法」ではなく、**

むしろ「理念」として捉えるべきだと考えています。「理念」なので、「こうしなくてはいけない」や「こうすればいい」というものはありません。結局のところ、生かすも殺すも教師次第。ただし、それがどんなに最先端のAIを実装したものであったとしても、安易なテクノロジーへのアウトソーシングがもたらすのは、困難を抱える子どもたちの苦しみであることを忘れないでください。言ってしまえば、**「個別最適な学び」は、力不足の教師を救う「解答集」なんかではなく、教師の子どもたちを見る「眼」と、それを実践につなげる「腕」、そしてテクノロジーやマタイ効果との向き合い方を問い直す「問題集」なのです。**

結論としては、**「個別最適な学び」という「流星」が、どんなに輝いているように見えたとしても、大切なのはその目的、「いったい何のためにそれを行うのか」ということ、そして、「それが目の前の子どもたちにとって必要なものであるかどうか」ということ**です。

さぁ、**「15のワーク」のご自身の成果物を、もう一度取り出して眺めてみましょう。**どうでしょう、そこにフィットするのはどのような学びですか？　**先生方がすべきことは、流行に関わらず、名称に関わらず、国や教育委員会の定義に関わらず、「誰一人取り残さないために、必要な学びを必要な子どもたちに届ける」という、ごく当たり前のことなのではないでしょうか。**

3

学校を、もっともっと「自由な場」にするために

3-1 「壊す」→「創る」→「遺す」

文部科学省で教育改革の仕事をしていた20代の頃、僕は、とにかく「**何を壊すか。どうやって壊すか**」ということばかりを考えていました。「旧態依然で時代遅れの学校教育を、どうやって破壊していこうか」。そこには何の迷いも躊躇いもありませんでした。改革の手法として必要なのも、「競争とアカウンタビリティ」だと本気で信じていました。各自治体・各学校・各教師の成果を見えるようにして、彼らの間の競争により教育の質を向上させていく。このため、国での最後の仕事となった教育振興基本計画には、多数の「成果目標」を盛り込み、その達成度合いを定期的にチェックしていく仕組みを設けました。また、(制度的に難しいことは重々認識しつつも)「変われない教師には、退場してもらうしかない」と考え、教員免許の弾力化や民間企業の学校教育参入、学校選択制など、いわゆる「新自由主義」的な教育改革にも賛成の立場でした。「子どもの自殺をゼロにする」という夢や、「学校を、もっともっと『自由な場』にする」というビジョンは、この頃から持っていましたが、**教師は、それを実現する上での「障害物」**でしかなく、「日々苦しい思いをしている子どもたちがいるのだから、改革には一刻の猶予もない。教師が変わるのなんて待っていられない。競争と監視と圧力により、やる気と能力のない教師には、一日も早く学校から去ってもらうべきだ」、本心からそう思っていました。

広島に籍を移した30代。より現場に近いところで仕事をするようになり、「教師を変えるのが、どれほど難しいか」ということを学んだ僕は、「既存のものを壊すよりも、新しいものを創り、その影響力を拡大していく方が早いのではないか」と考え、「**何を創るか。どうやって創るか**」を考えるようになりました。【2-4】で書いたように、教師の教育改革に対する抵抗感は、自身の人生観と大きく結び付いています。このため、それを否定するような「壊す」改革は、心理的になかなか受け入れにくい。それよりもむしろ、過去の教育や教師の人生を否定も肯定もせずに、新しいものを追加する「創る」改革の方が、教師も受け入れやすいのではないか。また、どんなに理念ばかりを示しても、具体のイメージが湧かない教師も多い。ならば、モデルとなるものを創造することにより、彼らが変わるきっかけを作れるのではないか。そう考えたのです。このような考えに基づき、広島では、広島叡智学園という、教育改革を先導的に実践する学校を創設したり、前例のないレベルで突き抜けた国際協働プロジェクト型学習（「広島創生イノベーションスクール」）を実施したりしました。ただ一方で、心の奥では、「ここまでやってもなお変化を受け入れられない教師には、やっぱり退場してもらうしかない。彼らが変わるのを待っている時間はない」と考えていました。

そして40代。アメリカの教育大学院で、これらの僕の考えは、根底から覆されることになります。

How much can practice improve if the chief agents of change are also the problem to be corrected?[29]
～変革の主役（教師）が修正されるべき問題でもあるならば、（教室における）実践は、果たしてどれほど改善されるだろうか？～

上記の文章は、教育改革に関する授業の中で出会った論文の一節です（Cohen, 1990, p. 326)。ここでは、アメリカでの失敗した教育改革の歴史が描かれています。最初僕は、この文章を次のように読みました。「教育行政として、教師自身が抱える問題（例えば指導力の向上など）を解決しない限り、教室における実践の問題を解決することはできない」。しかし、授業が進むにつれて、僕の読み方は次のように変わりました。「教育行政として、教師のことを信頼するのではなく、『問題点』だと見ている限り、教室における実践の問題を解決することはできない」。つまり、**教育行政は、教師のことを単なる「問題点」、言い換えれば教育改革を実現する上での「障害物」と見るのではなく、ともに力を合わせて取り組む「パートナー」としていかない限り、教育改革を実現することはできない**、そう読むようになったのです。

そして今、僕は「**何を遺すか。どうやって遺すか**」を考えています。教育大学院で学びながら、【はじめに】に書いた、教育改革に内在する課題と、世界中で重ねられてきた教育改革の

29：Cohen, D.K.(1990).A revolution in one classroom: The case of mrs. Oublier. *Educational Evaluation and Policy Analysis,* 12(3),311-329. https://doi.org/10.3102/01623737012003311

失敗の歴史を学びました。当たり前のことですが、教育改革者だけでは、教育改革は実現できません。より正確に言えば、一時的には実現できるかもしれない。仮に僕が教育行政の立場で、極めて強引に教育改革を断行すれば、「面従腹背」で教育改革は進むかもしれません。でもそれは、教育改革が進んでいるように見えているだけ、いや、「見せられて」いるだけ。教師の間では、きっと次のような会話が行われていることでしょう。「とりあえず、彼（僕）に説明ができる、最低限の材料だけはそろえておこう」。【1－9】で書いたような、苦笑いとともに。これでは何の意味もありません。（表面上の）**改革が行われているのは、僕が在任している期間だけで、僕がそこから離れたら、何もかもが元通り。**積み上げられた、過去の失敗した教育改革と何ら変わらず、教育大学院のクラスメートが指摘した「学校現場のリアリティからかけ離れていて、教師を振り回すだけのもの」でしかありません。

もちろん今も「日々苦しい思いをしている子どもたちがいるのだから、改革には一刻の猶予もない」、そう思っています。一日でも早く、僕の夢とビジョンを実現したい。では、その成否を握る教師に対して、どのように関わっていくべきなのか。変わるのを待つのか、待たないのか。僕の今の考えは、そのどちらでもなくて、「**変わるためのリソースを、最大限投入する**」です。教師が変わりたいと思えるかどうか、そして教師が変われるかどうかは、教師の側だけの問題ではありません。むしろ、教育行政と教師がともに力を合わせて取り組むべきものです。だから、もし変われない教師がいたとしたら、それは教育行政、そして僕自身が力不足だということ。**「変われない教師は退場させてやる」ではなくて、「退場しなくてはいけない教師を限りなくゼロに近付ける」にチャレンジしていきたい。**そしてそれに僕一人が取り組むのではなく、教育行政のスタッフや学校の管理職と力を合わせて取り組んでいきたい。そんな教育行政の文化、学校の文化を構築していきたいのです。

なぜなら、これができれば、「遺る」と思うのです。壊さなくても、創らなくても、遺っていく。僕がそこから離れても、また、僕がこの世からいなくなっても、遺っていく。

それこそが、これまで自ら命を絶っていった子どもたちが、僕らに遺した「宿題」であり、僕らが次の世代に遺すことのできる「財産」なんだと思うのです。

3-2 変えるべきは、学校のインフラストラクチャー=「学校文化」

昨今、「学習者中心」「子どもが主語（主体）」が一種の「バズワード」となっており、多くの学校で、校則改革などの取組が進められています。表面上、こうした取組は、僕の夢やビジョンに近付くものであるかのようにも見えます。しかし、僕は、**このような動きについて、期待**

感以上に危機感を持っています。

問いたいのは、「**なぜ改革を行っているのか？**」ということです。「**国の文章に書いてあるから**」「**教育委員会に言われたから**」「**他の学校もやっているから**」「**本で読んだから**」「**保護者からのプレッシャーに負けて**」……。**このような「流行」に乗って行う改革は、ほとんど何の意味も価値も持ちません。**もちろん、ニュースなどでも取り上げられているように、明らかにおかしい、「生徒の人権侵害」としか言えないような校則はたくさんあります。確かにこれらは撤廃や見直しが必要です。しかしここで併せて考えなくてはいけないのは、**なぜこのような、誰の目から見ても「異常な」校則が、多くの学校において、これまでずっと続いてきたのか、**ということです。**明らかにおかしいものが何十年も生き残るためには、その根底に、何らかの「システム異常」が必要です。**この「システム異常」に目を向けず、手を付けないまま、流行に乗って校則の見直しだけ行った場合、果たしてどうなるか。一貫性がなく、校則だけは変わったが、他の生徒指導や授業の進め方はそのまま。その上、大半の教師たちは腑に落ちていないので、運用で魂を抜かれ、実際のところは今まで通り。そして、「流行」が終わったり、校長が変わったり、何か問題が発生したりしたら、すべてが元通り。教育改革の（失敗の）歴史を学んできた僕には、そんな実態と未来が目に浮かびます。

つまり、僕が危うさを感じているのは、こうした小手先の改革が、学校に何となくの「やった感」を与え、問題の根っこにある本質的な部分に向き合うのを阻害してしまう危険性があるということです。教育大学院の授業では、この「本質的な部分」を「**インフラストラクチャー**」と表現しています。インフラというと、道路や下水道などのように、ハード面の基礎・基盤のことをイメージしがちですが、そうではありません。むしろここでは、人々のマインドの根底にある「価値観」や「認識」など、ソフト面での前提条件のことを指します。そして、ハード面でのインフラが、その上に建つ建物の形状を規定するのと同様に、ソフト面でのインフラも、様々な実践の在り様や意味合いを（半ば自動的に）決定してしまうのです。

では、学校におけるインフラとは、いったい何でしょうか？ 僕は、それは「**学校文化**」だと考えています。心理学者であるSchein（Edgar Schein）は、組織文化について、次のように述べています（Schein, 1985, p. 6, Schein, 1992, p. 12)。

> the deeper level of basic assumptions and beliefs that are shared by members of an organization, that operate unconsciously, and that define in a basic 'taken-for-granted' fashion an organization's view of itself and its environment.[30]

30：Schein, E. *Organizational Culture and Leadership.*（1st ed.）Jossey-Bass, 1985.

～組織のメンバーによって共有されている、より深いレベルの基本的な認識や信念であり、無意識のうちに作用して、あたかも「当たり前」のもののように、組織やその環境に対する捉え方を規定するもの～

As these assumptions and beliefs permeate an entire organization, they become invisible ; they become so accepted, so automatic and ingrained in the organization's routine practices that they are automatically taught to its new members, by both precept and example, as "the correct way to perceive, think, and feel" about problems.[31]

～こうした認識や信念は、組織全体に浸透し、目に見えなくなっており、組織の日常的な実践の中で深く受け入れられ、自動化され、定着したものとなっている。このため、これらは、組織への新しいメンバーに対しても、「問題に対する正しい捉え方、考え方、感じ方」として、理念と実例の双方を用いながら、自動的に教え込まれることとなる～

「学校文化」というと、多くの方は、「校訓」をイメージされるかもしれません。しかし、心

31：Schein, E. *Organizational Culture and Leadership.*（2nd ed.）Jossey-Bass, 1992.

理学者であり学校組織改革のコンサルタントであるEvans（Robert Evans）は、学校文化に、①制作物（Artifacts and Creations）、②価値観（Values）、③暗黙の了解（Basic assumptions）という三つのレベルがあることを主張します。[32] 校訓は（さらには校則も）、このうちの①ですが、彼は、①は、②や③の表現しやすい一部分を明文化したものに過ぎず、根底のところで①の意味や解釈に（まさにインフラストラクチャーとして）影響を与えているのは、②や③であると説明します。すなわち、学校文化を変えるためには、単に①のレベル、すなわち校訓や校則を変更するだけでは不十分であり、②、さらには③のレベルに向き合い、この改革に取り組む必要があるのです（なお、それと同時に、彼は、②価値観のうちのいくつかについては、単なる「信奉されている価値観」（Espoused values）、つまり、宣言されてはいるものの、ほとんど実践されていない価値観であると主張しています。例えば、「すべての子どもたちの夢を叶える」「生徒の個性を尊重する」などを「本校のミッション」や「目指すべき姿」として設定している学校もありますが、実際には、それが単なる外向けのアピール（あるいはパフォーマンス）にとどまっていることも多く、その場合には、教師たちの行動・発言に大きく影響を与えることにはなりません。よって、ここでの「学校文化」には該当しません）。

総じて言えば、僕は、多くの学校の**「学校文化」は、**（【1−5】にも書いた通り）**「現状にある大きな問題には目をつぶるくせに、何かを動かすことによって生じる小さな不整合に過剰**

32：Evans, R.（2001）. *The human side of school change: Reform, resistance, and the real-life problems of Innovation*. Jossey-Bass.

に反応する文化」と言えると考えています。**もっと簡単に言ってしまえば「前例踏襲」と「横並び」**の文化。現状学校の中にある「大きな不公平」は見て見ぬフリをするくせに、何かを動かすことによって生まれる「小さな不均一」は、徹底的に潰そうとする。たとえそれが「大きな不公平」を減らそうとするチャレンジであっても。そうした「**動かさない文化**」が、多くの学校の根底にあるのです。

しかし、なぜそれほどまでに、学校文化は、学校に深く根差し、強固なものとなっているのでしょうか？　前述の通り、学校文化は、校内で共有されている独自の心理、すなわち、物事に対する受け止め方や価値判断の仕方に関する、教師たちの間の根本的な類似性です。Schein及びEvansは、こうした類似性が発達する経緯について、次のように説明しています (Schein, 1985, p. 8, Evans, 2001, p. 46)。

> These assumptions and beliefs are learned responses to a group's problems of survival in the external environment and its problems of internal integration. They come to be taken for granted because they solve those problems repeatedly and reliably.
>
> ～こうした認識や信念は、学校の存続に関連する外部からの脅威や、組織の団結に関

わるような問題が生じた際、それらへの対応策として、学習されてきたものである。これらは、こうした問題を繰り返し、そして確実に解決へと導いてきたため、当たり前のものとして捉えられるようになっている〜

If the institution has enjoyed a history of success with its assumptions about itself and its environment, people will not want to question or reexamine them, "because they justify the past and are the source of their pride and self-esteem" (Schein, 1985, p. 292).[32]

〜もし組織が、組織自体やその環境に関するこれらの認識によって、これまでうまくいってきているのならば、人々はそれに疑問を感じることも再検討することもしないだろう。なぜなら、これらは自分たちの過去を正当化してくれるものであり、彼らのプライドと自尊心の源であるからだ〜

この「学校の存続に関連する外部からの脅威」「組織の団結に関わるような問題」の一つが、教育改革であると言えます。すなわち、**現場発ではない、外部主導の教育改革が「流星群」のように降り続け、そしてそれらに対する「防衛」が成功するごとに、学校文化はより強固になっ**

ていったのです。こうした経緯に照らせば、多くの学校の文化が「動かさない文化」であることに合点がいくとともに、**校則改革はもちろんのこと、学校文化の改革をターゲットにした、教育行政によるトップダウンの改革が成功しないのは、火を見るより明らか**でしょう。

では、どうすればいいのか。結局は【2－1】に書いたことと同じです。**学校文化を変えられるのは、トップダウンの「教育改革」ではなく、ボトムアップの「実践改善」**なのです。

しかし一方で、残念ながら、現状、学校がこれらの実践改善を行うのは、極めて困難な状況にあります。なぜなら、取組を進めるために不可欠な「四つのリソース」が、学校にはいずれも欠けているのです。

3－3　改善を阻む、「四つのリソースの欠如」

Cohen（David Cohen）という教育学者は、次のように述べています（Cohen, 1990, p. 326）。

We might expect only a little from those policies that try to improve instruction without improving teachers' capacity to judge the improvements and adjust their teaching accordingly, for such policies do little to augment teachers' resources for change.[29]

〜改善の方向性を判断し、それに従って具体の指導を改善するという教師の力量を向上させることなしに、（教室における）指導法を改善しようとする（行政の）政策には、ほんのわずかしか期待できないだろう。なぜなら、そのような政策は、教師に必要な「変化（成長）のためのリソース」をほとんど増強しないからである〜

教師に必要な**「変化（成長）のためのリソース」**。僕はこれには四つの種類があると考えています。そして残念ながら、それらはいずれも現在の学校現場に不足しており、その上、多くの教育行政がその充実の必要性を意図的あるいは無意識のうちに見落としているものなのです。

欠如するリソースの第一は、最も直接的なもの、すなわち**「カネ」**です。「教育はカネじゃない」とか言う人もいますが、（自省の念も込めて言えば）今の学校の予算のなさは、そういう次元ではありません。外部に支援を依頼するためのお金などはもちろんのこと、実験器具や備品などを買う予算も十分になく、教師たちの涙ぐましい努力の積み重ねによって、学校の教育活動はギリギリのレベルで支えられています。言ってしまえば、実践改善に向けてチャレンジしようにも、あるいは、「動かさない文化」を動かそうとするにも、お金がないのです。

併せて、予算の内容も重要です。具体的に言えば、**「学校が自由に使える予算」**、これを抜本的に増やさなくてはいけません。目標を設定して計画を立てて、年度末にはその結果を教育委員会に報告しなくてはいけないような、「アカウンタビリティ」の名のもとにがんじがらめに縛られた、言い換えれば「不信」を前提とした予算ではなくて、学校が、教師が必要だと思ったことについて自由に使い、「トライアル＆エラー」を行うことのできる、学校や教師のチャレンジを後押しするための予算、学校にはこれが決定的に不足しているのです。

第二は、同僚であり仲間である教師の質と数、すなわち**「ヒト」**です。僕は、**目下の教育行政最大の課題は、「教員採用試験の倍率の低さ」**だと考えています。小学校はもはや平均で2倍台、多くの自治体では1倍台にすら陥っている状況です。その上、休職者や退職者の穴を埋める人材も見つからず、教員不足が全国的な問題になっています。「倍率がすべてではない」「数より質」という指摘もありますが、現場の感覚から言えば、現状はもはや、「質の高い人材を採用する」というよりも、「明らかに不適格な、どうしても採りたくない人だけ排除して、残りは全員採用」に近いレベルです。この点を早急に改善しない限り、日本の学校教育は間違いなく崩壊すると、僕は強い危機感を持っています。

ヒトが足りていないので、現職の教員は、研修などに参加して、必要なスキルを身に付けることも困難です。それどころか、一定のレベルに満たない人が教員として任用されると、その人のケアやフォローのため、より多くの時間と労力が奪われます。結果、学校は、「変化し、成長し続けるチーム」ではなく、「現状を維持するのに手いっぱいの集団」に成り下がってしまうのです。

不足している第三のリソースは、**外部からの批判や介入から自らを守るための手段、すなわち「盾」**です。当たり前のことですが（しかし外部の人々が批判や介入を行う際には無視されがちですが）、教師の時間と労力は有限です。したがって、特定の何かに対してより多くの時間や労力を割けば、その分他の何かに使える時間と労力は減ることになります。例えば、ある学校において、生徒の非認知能力（自己肯定感やコミュニケーション力など）を向上させたいと考え、いわゆるペーパーテスト対策にかけていた時間と労力を少し減らして、そのための取組を強化したとします。その結果、国や県の学力調査の点数や順位は、少し下がってしまいました。そうなると、どうなるでしょうか。途端に地元メディアは、批判的な記事を書き始めます。それを見た保護者は、学校に対して懸念や批判の声を寄せていきます。同様に記事を見て、地域の声を聞いた政治家は、教育行政に圧力をかけ始めます。

子どもたちの多様な状況に応じて、学校が特色化を進めること自体については、誰も異議を唱えはしないでしょう。しかしそれはあくまで、他の学校よりもテストの点数が劣らず、他校における取組がなされていることを条件に、です。それが欠けた瞬間、「なぜウチは他よりも悪いのか」「なぜよそではやっているのに、ウチではやってくれないのか」という声が寄せられます。「テストの点数なんかよりも、21世紀を生き抜く力を子どもたちに」と言っていたメディアや政治家も、学力調査の点数が少しでも下がれば、「基礎学力の徹底を」と、一瞬で手のひらを返します。

しかし悲しいのは現状、こうした批判や介入に対して、教師たちが反論する手段を持たないことです。「自分たちがやってきたことにより、このような成果が得られた。それを裏付ける研究のエビデンスもある」と、胸を張って主張することは、残念ながら今の多くの教師たちにとって難しい。なぜなら、そもそも学力テストの結果や進学実績以外に、活用できるデータはほとんどない上、自身の実践の必要性と正当性を説得力のあるストーリーとして仕立て上げるのに必要な知識やスキルも乏しく、それを身に付けるための機会もないのです。結果、チャレンジの「副作用」がわずかでも生じ、それに対する批判が生まれればすぐに、「前例踏襲」と「横並び」の文化に逆戻り。一度そのような経験をした教師たちに、「実践改善の火」が灯ることは、もう二度とないことでしょう。

最後の一つ、最も大切であるにも関わらず最も不足しているリソースは、**教師の判断で実践を行う自由、すなわち「自律性」**です。教育とテクノロジーの専門家であるSelwyn（Neil

Selwyn）は、EdTechの歴史と現状を概括し、来るべき未来を予測した著書『Education and Technology』において、次のように述べました（Selwyn, 2021, P. 230）。

> **Whereas teachers being replaced by robots remains highly unlikely, teachers having to work like robots is perhaps a much more likely prospect.**[33]
> **〜教師がロボットに取って代わられる可能性は依然として低い一方で、教師がロボットのように働かなくてはならなくなる可能性はかなり高い〜**

彼は、「AIを搭載したテクノロジーに、教師による教育が支配される」という文脈で、このことを書きました。しかし、テクノロジーのことは置いておいて、そもそも日本の教師たちに、どの程度の自律性があると言えるでしょうか。本体と解説併せて約２３００ページもある学習指導要領（小学校：参考資料と付録を除く）、教育行政から降り注ぐ法令や通達やプラン、そしてそれらに基づく監視と管理と圧力は、新たな取組にチャレンジするための自律性を教師から奪っていきます。

自律性は、教師が変化するためのモチベーションになります。また、自律性の前提である信頼は、チャレンジするための心理的安全性を教師にもたらします。同時に、自律性は、新たなアイデアを生み出す創造力の源泉となるものです。自律性を奪われた教師たちは、「前例踏襲」

33：Selwyn, N.（2021）. *Education and technology: Key issues and debates*. Bloomsbury Academic, Bloomsbury Publishing Plc.

図表19　自律性が拡大されない「負の構図」

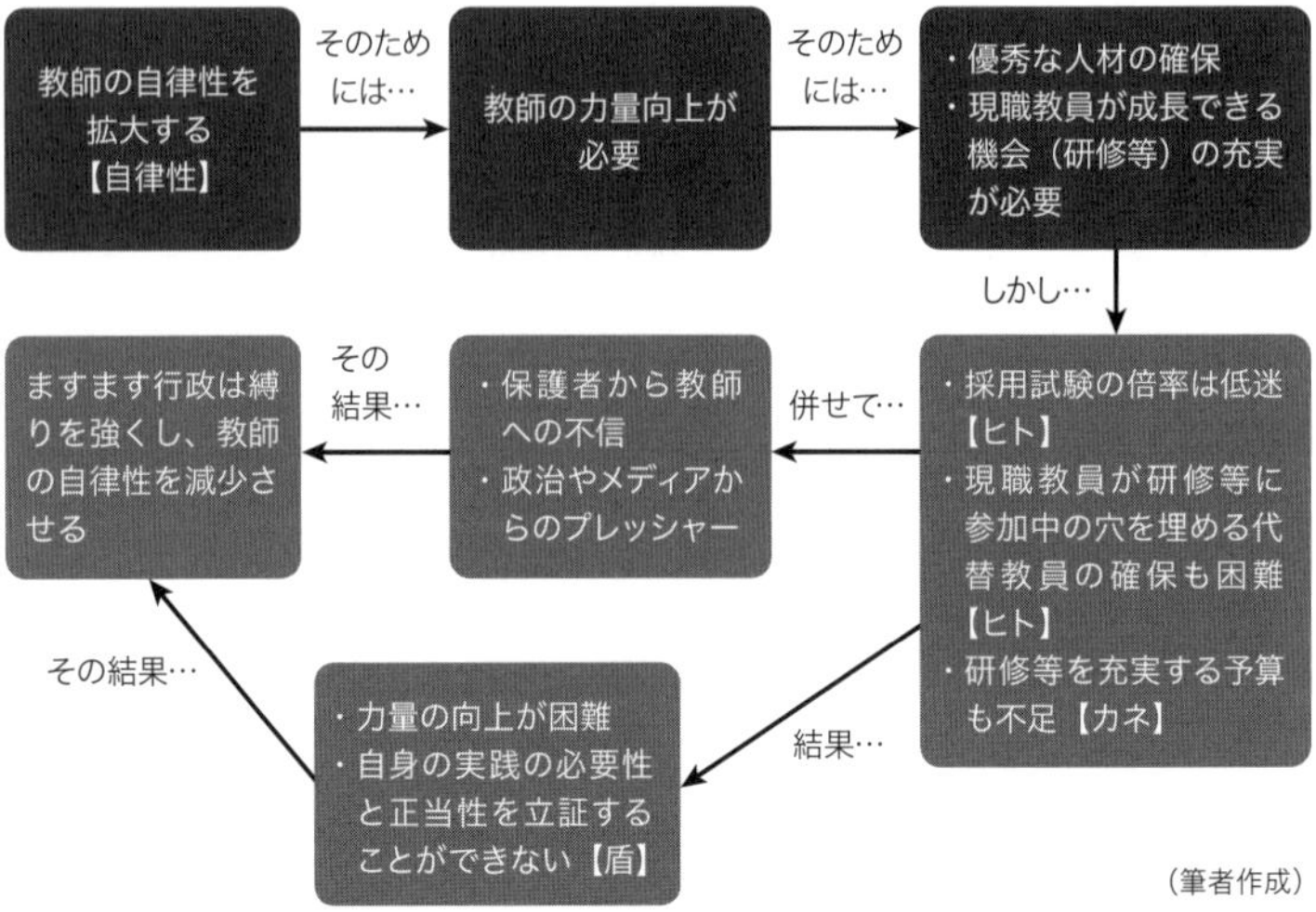

（筆者作成）

と「横並び」の学校文化から脱却する力も、そして意欲も、どちらも失ってしまうのです。

〈図表19〉は、これまで述べてきた要素が、教師の自律性にどのような影響を与えているかを整理したものです。残念ながら現状、他の三つのリソースの欠如が相乗効果的に影響を与えた結果、教師の自律性は、拡大するどころか、さらに縮小させられてしまっているのです。

「カネ」も「ヒト」も「盾」も、そして「自律性」もない（さらに言うと「時間」もない。忙しいだけではなく「残業するな」と言われるので、満足いくレベルの授業準備もできない）。この状況で、「改革せよ」と言われることが、如何に酷なものであるかは、容易にイメージしていただけることでしょう。しかし今の教育行政が、政治が、メディアが、国民が（半ば無自覚のうちに）やっているのは、実はまさにそういうことなのです。

3-4 必要なのは、教師の「真の専門職化」

「変化のための四つのリソース」が、いずれも欠如している今の学校。この状況を打破するために必要なものとは、いったい何なのでしょうか？

今必要なもの、僕はそれは、教師の「真の専門職化」だと考えています。

具体の中身に入る前に、少し背景について説明したいと思います。【コラム③】及び【コラム④】において、「ティーチングマシン」の提唱者、Skinner のことを書きました。（主張の妥当性は一旦置いておいて、）彼の論文のタイトルは、「The science of learning and the art of teaching」、「学習の科学と教授の芸術」とでも訳せるでしょうか。絵画や音楽のように、芸術（Art）は、唯一無二のものであり、ダイナミックなものであり、単純な数値ではその価値を評価できないものです。一方、科学（Science）においては、物事を「観察や計量することが可能なもの」として見なし、それらを通じて得られたデータやエビデンスをもとにして、実践を改善していきます。さて、教育は、Artでしょうか？ それともScienceでしょうか？

多くの（特に優秀な）教師は、自分たちの教育をArtだと見ているでしょう。様々な数値（例えばテストの点数や遅刻日数など）はもちろん参考にしますが、それ以上に、目の前の子どもたちの様子や反応を大切にしたい。「このようなエビデンスが得られたから、次に打つべき手はこれだ」と決まるようなシンプルなものではなく（もちろんScienceも、こんなシンプルなものではありませんが）、もっと複雑で人間的でダイナミックな、言うなれば子どもたちとともに創り上げる唯一無二の芸術作品のような教育を目指していることでしょう（実態がどうなっているかはさて置き）。

一方で、教育行政や政治家はどうでしょうか。彼らの教育改革の手法は、基本的にはScienceです。教師の主観や直感に基づく「職人芸」に委ねるのではなく、アカウンタビリティや「Evidence-Based Policy Making（EBPM）」の名のもとに、データやエビデンスに基づき、改革の方向性を描いていく（ただ一方で、学校に実施を要請（強制）する具体の「教育メソッド」を検討する際には、科学的なエビデンスは軽んじられて、行政や政治家自身の経験とイデオロギーが優先される傾向にあるのですが）。ルールやスタンダードを駆使し、教師の力量の違いによって生じる差分を小さくして、学校における実践のバラつき（分散）を極力減らそうとする。その際、評価すべき指標が多くなると比較や検証が困難になるため、基本的には単一の尺度（多くの場合、学力テストのスコア）に基づいて序列化を行う。【1－11】で記載した「No Child Left Behind Act（NCLB）」をはじめ、様々なトップダウンの改革が、こうしたやり方で進められてきました。

失敗の歴史を紐解けば、これまでの教育改革の多くは、この二つの教育観（Art：教師、Science：教育行政・政治家）の対立によって頓挫してきたと言えます。この対立を乗り越えることなしには、教師、教育行政、政治家の3者が、ともに手を取り合って、同じ方向に向かって実践改善を積み重ねていくことはできません。

また、「『真の』専門職化」と書いたのには、理由があります。法的あるいは政策的な議論は置いておいて、かつては教師は、少なくとも社会的な文脈において、専門職としてリスペクトの対象になっていました。医師や弁護士と同様、「先生が言うのなら」という風潮が、少なからずありました。

しかし現在はどうでしょう。前述の通り、今の教師は、アカウンタビリティの鎖でがんじがらめにされた、自律性に乏しい職業です。そもそもアカウンタビリティは、「不信」を前提とした仕組みです。「お前のやっていることや言っていることは信用ならん。ちゃんと数値で示してみぃ」ということなので、そこには、専門性（プロフェッショナリズム）に対するリスペクトはありません。医師に対して「お前の診察は信用ならん。受け持ちの患者の完治率を見せてみぃ」と言っているようなものです。

だからと言って、親の学歴を含め、社会構造が変化した今、かつてのような専門職に戻るのは困難ですし、そもそもそうすべきだとも僕は思いません。以前の教師は、高学歴に裏付けられた、「知の伝道師」としての位置付けでした。そこにあるのは「無条件の信頼」であり、経験と直感（のみ）に基づく学習指導が許容され、ポジション（上下関係）に基づく生徒指導が容認されていました。ある意味では、この積み重ねが、現在の「動かさない学校文化」の下地を作ってしまったとも言えます。

アメリカの進歩主義教育者であるMeier（Deborah Meier）は、自身が取り組んできた学校改革を回顧し、学校選択制（及びそれによる小さな学校）がもたらす同質性と、多様な意見がぶつかり合うべき民主主義の関係について、以下のように述べています（Meier, 2011, pp. 117-118）。

We need to unravel these conundrums so that we can create both real intimate communities of trust and, simultaneously, rebuild larger democratic institutions that acknowledge the limitations of unconditional trust and place their faith in

> conditional respect, genuine dialogue, and a more cautious, wary, and evidence-based trust.[34]
> 〜私たちは、これらの難問を解き明かし、真の意味で親密な、信頼のコミュニティを構築すると同時に、無条件の信頼の限界を認め、条件付きの信頼や本心による対話、そしてより慎重で警戒心に満ちた、エビデンスに基づく信頼の重要性を信じる、大きな民主主義の組織を構築していかなければならない〜

背景は異なりますが、この文章は、まさに僕の目指す教師の「真の専門職化」を表しています。**教師と教育行政、政治家、保護者、さらには広く国民との関係を見たとき、根底には深い信頼関係がある。しかし、だからといって教師たちは、ただ自分たちのやりたいようにやるのではなく、他方で教育行政や保護者たちも教師を放任するのではなく、そこには常にエビデンスに基づく、嘘偽りや遠慮のない対話がある。**教師たちには、こうした関係を構築し、リードできる存在になってほしい、そして、なってもらう必要があると思うのです。

これまで述べてきたような歴史の上に立ち、**「Artとして教育を行う専門性と、Scienceとして学習を分析して教育の質向上につなげる『リサーチマインド』の双方を持ち、多様な質的・量的データをもとに、絶えず実践を改善し続けることができる教師」**を育成する。それが僕の

34：Meier, D.(2011)."Rethinking Trust" In Elmore, R. F.(Ed.), *I Used to Think-- and Now I Think--: Twenty leading educators reflect on the work of school reform*(pp.113-118). Cambridge, MA: Harvard Education Press.

目指す教師の「真の専門職化」です。

3-5 学力テストの二つの改革：結果→プロセス、部分→全体

ここで、これまでの僕の主張を整理したいと思います。

僕の夢は「子どもの自殺をゼロにすること」、そして僕のビジョンは「学校を、もっともっと『自由な場』にすること」です。そのためには、表面上の取組ではなく、その根っこにある学校のインフラストラクチャー、すなわち「前例踏襲と横並びの学校文化」を変える必要があります。ですが残念ながら、トップダウンによる改革には、この文化を変えることはできず、むしろより強固なものにしてしまいます。そうではなく、必要なのはボトムアップの改善なのですが、こちらも残念なことに、現在の学校や教師には、自分自身が変化し、学校文化を変化させていくために必要な「四つのリソース」（カネ、ヒト、盾、自律性）が、いずれも決定的に不足しています。

これを打破するための道として、前のセクションで教師の「真の専門職化」を提案しました。

図表20　「四つのリソースの欠如」の関係性

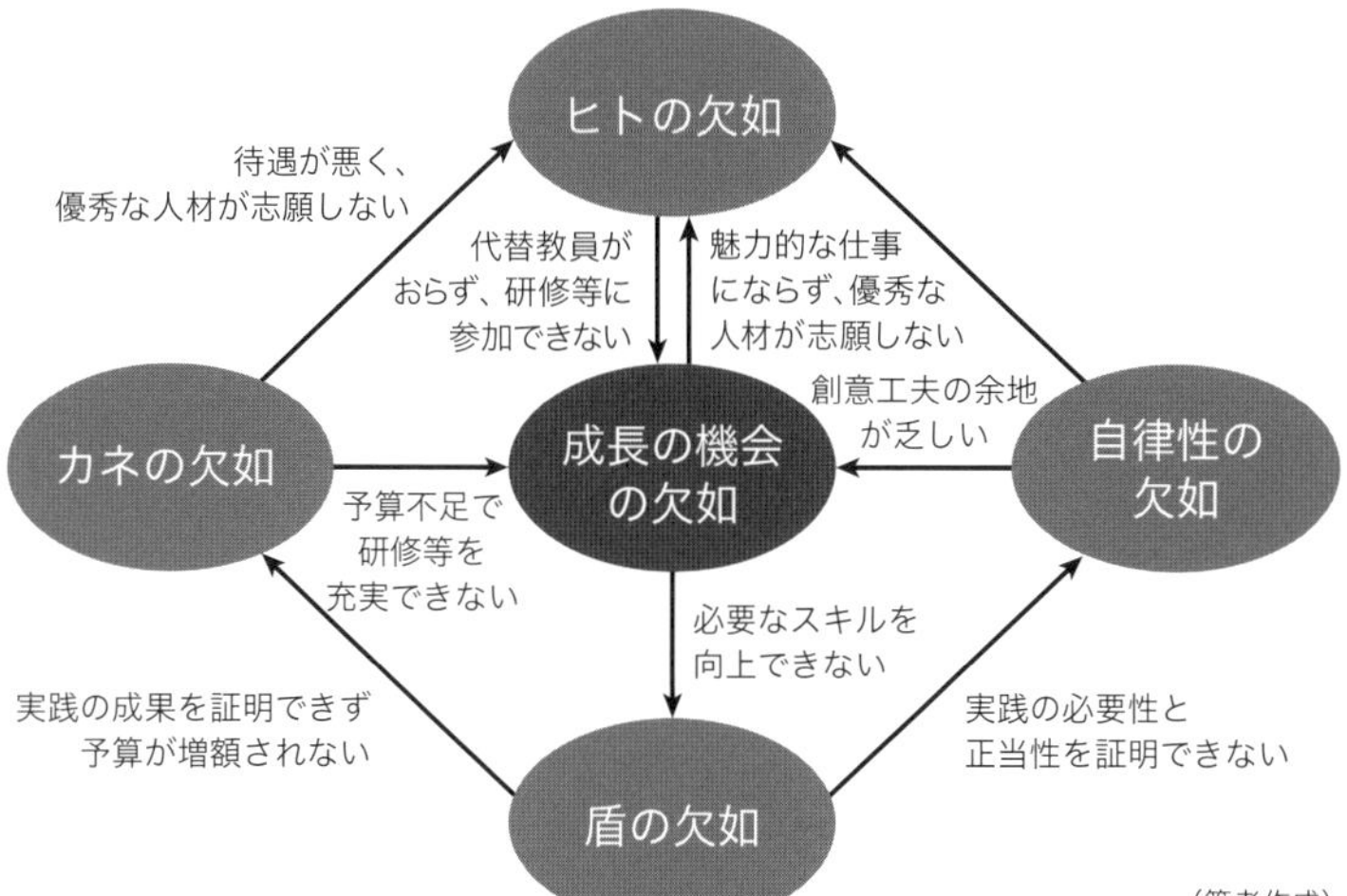

（筆者作成）

ここでもう少し突っ込んで、「四つのリソースの欠如」を乗り越えるために、なぜこれが必要なのかについて説明したいと思います。〈図表20〉は、「四つのリソースの欠如」の関係性を整理したものです。

ご覧の通り、四つの要素は互いに作用し、絡み合っています。しかし、ここで注目していただきたいのは各要素の中央、互いをつなぐものとして「**成長の機会の欠如**」が存在していることです。

これまで教育行政や政治は、様々な法令や通達やプランを策定したり、（競争と管理による）プロジェクト型の予算を立案したりして、現場の改革を（半ば強引に）促してきました。しかし、この状況を真に改善するために必要なもの、それは、直球ど真ん中である

「教師の人材育成」だと僕は思うのです。言ってしまえば、教育の危機を救うのは、やはり教育の力。つまり、鍵を握るのは、**「教育行政として、教師に対して、どれだけ成長の機会を届けられるか」**だと考えます。

しかし、その前提として行わなくてはいけないことがあります。それは、**学力テスト（アカウンタビリティシステム）の二つの改革**です。

学校において子どもたちの多様な価値観が尊重されるようになるためには、学校自体の価値観が多様化されなくてはいけません。しかし現状は、学力のみ、それも、学力テストで測定可能な、極めて部分的かつ断片的な学力のみが、（教育行政、政治、メディア、保護者からのプレッシャーも受けながら）学校の価値観を支配しているのです。さらに言えば、支配しているのは、これまで繰り返し述べてきた通りです。さらに言えば、支配しているのは、生徒一人ひとりの学力の「状況」や「伸び」ですらなく、自治体や学校の平均点の「順位」と、「全国（県・市町村）平均よりも上か下か」という、極めて矮小化された価値観です。

ご存じの通り、全国学力・学習状況調査（以下「全国学力調査」）をはじめとする多くの学力テストは、毎年、「同じ学年」の、すなわち「全く違う子どもたち」の状況を測定しています（例えば小学校6年生が調査の対象なら、今年調査を受けた子どもたちは、来年は中学校1年生になり、来年の調査対象は、現在の小学校5年生の子たちになります）。そもそもの調査対象の子どもたちが違っているのに、「去年より学力が上がった（下がった）」（さらには「順位が上がった（下がった）」）と議論するのは、明らかにナンセンスです。また、これも言うまでもないことですが、子どもたちは学校の中だけで学んでいるわけではありません。「ほとんどの生徒が塾に行っている学校」と、「学区に塾なんてまるでない学校」の得点が同じ尺度で比較され、かたや「優れた学校」、かたや「劣った学校」と、社会的なレッテルを貼られるのは、どう考えてもアンフェアというものでしょう。

また、文部科学省自身も、全国学力調査で把握できるのは学力の一部分でしかないことを認めていますし、そもそも、全国学力調査の目的は、スコアによって自治体や学校を序列化することではなく、教育施策を改善することと、学校における指導の充実や学習状況の改善に役立てることにあるとしています。[35] そのような効果があることは認めますが、しかし、現場の実態から言えば、あまりに「副作用」が強すぎます。文部科学省が何と言おうと、結局メディアは都道府県や市町村のランキングを独自に集計して大々的に掲載し、保護者や地域住民はそこばかり注目して、平均点に満たない学校は「劣った学校」との烙印を押され、順位が下がった自治体は議会や住民からの叱責の対象となるのです。

【3－3】にて、「盾の欠如」として述べた通り、この状況のままでは、学校を特色化することも、学校の価値観を多様化することもできません。また、教師が「リサーチマインド」を発

35：https://www.mext.go.jp/a_menu/shotou/gakuryoku-chousa/zenkoku/1344101.htm（最終確認2023年10月8日）

揮し、データやエビデンスに基づく実践を改善しようにも、肝心のデータ自体がありません。そこで、まずすべきことは、学力テストについて、以下の二つの転換、すなわち「結果からプロセス」「部分から全体」への転換を行うことにより、「副作用」を低減させるとともに、必要なデータを整備することです。なお、この内容は、カリフォルニア州のいくつかの学校区が「No Child Left Behind Act（NCLB）」への対抗策として開始し、現在も実施している「CORE Districts」[36]という取組に着想を得ています。

①結果→プロセス：

まず、単なる結果ではなく、そこに至ったプロセスを評価するため、自治体や学校における生徒全体の「平均点」ではなく、**一人ひとりの生徒の「学力の伸び」**を把握する必要があります。そのためには、特定の1学年のみを測定するのではなく、ある程度の期間の幅をもって（例えば小学校4年生〜中学校3年生など）継続的に測定を行わなくてはなりません（パネル調査化）。また、項目応答理論（Item Response Theory（IRT））を活用するなどし、経年での比較が可能な設計とする必要もあります。

しかし、これでもまだ不十分です。なぜなら、上記の通り、学力の伸びも、学校での学習活動以外の様々な要因の影響を受けるからです。このため、**生徒や家庭の状況**（例えば、どれぐらいの生徒が塾や習い事に通っているのか、困難を抱える生徒（障害、発達障害、学習障害、

36：https://coredistricts.org/

外国籍など）がどれぐらいいるのか、週末の生徒の過ごし方、家庭にある本の冊数など）を踏**まえ、同じような特徴を抱える学校の間で、学力の伸びは比較される必要があります。**

併せて、正解となった数（点数）以上に大切なことは、不正解となったプロセス、すなわち一人ひとりの生徒のつまずきを把握し、それに基づいて、その生徒に必要な支援を行うことです。これは、全国学力調査の目的である一方で、同調査を含むほとんどの学力テストからは、この点について有益な示唆はあまり得ることができません。なぜなら、これらの調査結果は、教師たちに「多くの生徒がどの問題につまずいているのか」は教えてくれるかもしれませんが、「目の前のこの生徒が、何につまずいているのか」「この生徒がつまずきを乗り越えられるようにするためには、どのような支援を行えばよいのか」については、多くのことは教えてくれないからです。この点、慶應義塾大学の今井むつみ教授らによる「たつじんテスト」では、認知科学の知見に基づき、教科学習の基盤となると考えられる「言葉、語彙」「数、形、量」「思考力、推論力」等について、一人ひとりの子どもたちがつまずいているポイントを明らかにすることが可能です。[37] こうした仕組みも活用しながら、学校の努力と生徒の努力の双方について、光の当たる場所を、結果からプロセスへと移行させていくことが必要だと考えます。

②部分→全体：

これまで繰り返し書いてきた通り、生徒には、（テストで測れる狭い意味の）学力以外にも、

37：今井むつみ、楠見孝、杉村伸一郎、中石ゆうこ、永田良太、西川一二、渡部倫子『算数文章題を解けない子どもたち　ことば・思考の力と学力不信』（2022年、岩波新書）を参照。

様々な能力や個性があり、学校を「自由な場」にするためには、それらが等しく尊重される必要があります。しかし、学力テストのスコアだけでは、学校が、このような生徒の多様な能力や個性をどれほど伸ばすことができたのか、あるいは、伸びるための環境を整えることができたのかは、まったくわかりません。

前述のCORE Districtsでは、こうした**生徒の全人格的な成長と、それに対する学校の支援の双方を測定するため、ホリスティック・アプローチ（Holistic Approach：包括的アプローチ）を採用**し、学力の伸び以外にも、様々な指標を設けています。例えば、**「School Culture/Climate」（学校文化・風土）**というカテゴリーでは、**「先生が学習をサポートする、あるいは、生徒同士がお互いに学習をサポートし合う、学校の文化があるかどうか」「学校のルールが公平なものになっているかどうか」「学校は、心理的に安全な場所であるかどうか」「先生や生徒とのつながりがあり、学校は自分にとっての『居場所』だと感じられるかどうか」**などの項目について調査が行われています。驚くべきは、**生徒のみならず、教職員や保護者も調査の対象、すなわち調査の回答者に含まれている**ということ。調査の内容（質問項目）のみならず、分析するための視点についても、可能な限り包括的なものとなるよう、試みられているのです。

併せて、学力という認知能力に対して、非認知能力である**「Social Emotional Skills」（社会情動スキル）**というカテゴリーもあります。ここには、生徒の自己効力感（Self-efficacy）や、

「自分はもっともっと成長できる！」という信念（Growth mindset）、状況に応じて自身の感情、思考、行動を効果的に調整する能力（Self-management）、他者の視点を理解し、共感する能力（Social awareness）などが含まれています。

もちろん、これらの指標は、生徒の自己評価に基づくものであり、実際の成長や学校の努力以外にも、様々なバイアスなどによって影響を受けます。よって、スコアを鵜呑みにできるものではなく、分析や活用に当たっては注意が必要です（特に、ランキング化などは行うべきではありません）。しかし、そう言ってしまってこれらを調査の対象から外している限り、この分野の学術的発展も、教育実践の向上も見込むことができません。むしろ、そのような発展途上の分野だからこそ、アカデミックと学校現場双方の知見を結集して、研究・実践の精度を磨いていく必要があるのではないでしょうか。

3-6 教師の「真の専門職化」のコア、「リサーチマインド」の育成

いよいよ本丸である、教師の「真の専門職化」です。前述の通り、「真の専門職化」とは、「Artとして教育を行う専門性と、Scienceとして学習を分析し、教育の質を向上させる『リサー

チマインド』の双方を持ち、多様な質的・量的データをもとに、絶えず実践を改善し続けることができる教師の育成」を指します。

もう少し具体的に定義すれば、**「リサーチマインド」とは「様々なデータ（エビデンス）に基づき、子どもたちの状況を的確に捉えた上で、先行研究の結果などを踏まえて改善に向けた仮説を立て、その改善策の実施により得られたデータをもとにして、仮説を検証するとともに、さらなる改善策を検討するという、科学的なPDCAサイクル（仮説→実践（実験）→検証→改善）を回すことができるマインド及びスキル」**と言えます。学校種に関わらず、すべての教師たちがこのマインドを持ち、自身の実践を絶えず改善し続けている。これが、この取組の目指すべき姿です。

お読みいただいている皆さんは、もしかしたら、「これさえやればリサーチマインドが身に付く！」とか「教員にリサーチマインドを育むための10のステップ」とか、そういうものを期待されているかもしれません。しかし残念ながら、そんな「銀の弾丸」はありません。これは、ただただ地道に、必要な知識やスキルを身に付けるため学び続けるとともに、「小さな成功」と「中ぐらいの失敗」を繰り返しながら、試行錯誤を重ねていくしかないのです。とはいえ、恐れる必要もありません。なぜなら、皆さんは既に、「リサーチマインド」のベースとなる力を身に付けているからです。

【2-3】でやっていただいた、15のワークの成果物を見てみてください。前述の通り、「リサーチマインド」とは、「様々なデータ（エビデンス）に基づき子どもたちの状況を的確に捉えた上で、先行研究の結果などを踏まえて改善に向けた仮説を立て、その改善策の実施により得られたデータをもとにして、仮説を検証するとともに、さらなる改善策を検討するという、科学的なPDCAサイクル（仮説→実践（実験）→検証→改善）を回すことができるマインド及びスキル」です。「15のワーク」では、この前提となる、ご自身の目標（「教育目標」）と、生徒たちがそれを達成したことを証明するエビデンス（学習評価）について考えていただきました。このとき、学習評価に使えるものがペーパーテストしかなくて、「自分の教育目標の達成状況を把握できる手段がない……」と思われたりしませんでしたか？　**そうです、だから学力テストの改革を含め、様々なデータを収集することが必要なのです。**また、最後には、振り返りとして、現在の実践の改善策についても考えていただきました。これはまさに、「こうすればもっと教育目標の達成に近付けるんじゃないか」という「**仮説**」です。ですから、**皆さんは既に、「リサーチマインド」に基づくPDCAサイクルの、最初の半周を回している**のです。

次のステップは、この仮説を検証することです。ご自身の実践の改善策を実行してみて、得られたデータを分析しましょう。なお、前のセクションを読まれて、「教育行政が学力テストの改革をしてくれない限り、教師や学校にできることはないんだな」と思われた方もいるかもしれませんが、それは違います。学力テストの改革は間違いなく必要なものですが、それが実現される前でも、「仮説→実践→検証→改善」のＰＤＣＡサイクルを動かしていくことは可能です。前の段落で「自分の教育目標の達成状況を把握できる手段がない……」という教師の嘆きを書きました。しかし、本当にそうでしょうか？　実は、皆さんの手元には、たくさんのデータがあります。テストの点数など、数値で表れる「量的データ」はもちろんですが、**生徒の記述、制作物、発言など、これらも立派な「質的データ」**で、十分活用可能なものです。**さらに言えば、ほしいデータが手元にないのであれば、テストや課題の作成、生徒へのアンケート調査、インタビューなどを通じて、新たに収集すればいいのです。**教師は、医師と同じく「プロフェッショナル」です。体調が悪くて病院に行ったときに、「喉が痛いです」と伝えただけで、「じゃあ風邪です」とはならないですよね。問診や検査を通じて、必要なデータを収集し、それに基づいて病名（仮説）を絞り込んでいく。そしてその仮説に基づいて、必要なケア（支援）を行う。教師の仕事も、ある意味ではこれと同じです。**データが手元にないのなら、新たに作ればいいのです。**

加えて、データを収集したり、分析したりする際には、次の４点に特に留意していただきたいです。第一に、前述の通り、数値で表れる「量的データ」（テストの点数など）のみならず、**「質的データ」（生徒の記述、制作物、発言など）も積極的に活用**してください。**特に、組み合わせることが大切**です。一つのデータだけではなく、二つ以上のデータを組み合わせて分析し、仮説を裏付ける（あるいは反証する）ストーリーを構築しましょう。[38] 第二に、「クラスの平均点」だけではなく、**「個々の生徒の変化」**に注目してください。それとつながりますが、第三に、「結果」（「テストにおける正解か不正解か」など）以上に、**「プロセス」（「どんな成長が見て取れるか」「何につまずいているのか」など）**にフォーカスを当ててください。そして第四に、分析や検証は、一人で行わず、**チームで取り組んでください。**検証における大きな課題の一つが、主観的になってしまうことです。これを解消するには、複数の目でチェックするのが有効です。[39] 他の先生や管理職、さらには事務室の職員さん（教師からは見えない、新たな気付きがあるかもしれません）、場合によっては保護者にお願いして、授業の記録やデータの分析などを一緒にやってもらいましょう。分析結果を生徒に説明して、フィードバックをもらうのも有益です。[40] また、実践改善の方向性を模索する際には、先行の研究や実践事例も参考にしてください。[41] こうした検証の結果をもとに、仮説（と実践）を再度改善し、新たなサイクルへと進んでいくのです。

なお、ここまでお読みいただいて、「なんだ、ほとんど授業研究（レッスンスタディ）じゃないか」と思われたかもしれません。そうです、基本的なフレームワークは、授業研究と同じです。ただ、**大きく異なる点が3点**あります。**第一に、そもそものゴールから問い直しを行っていること。第二に、主観的な印象よりもデータ／エビデンスに基づいて改善を行うものであること。第三に、改善の対象は、授業実践（指導法）のみならず、あらゆるものが含まれてい**

38：研究の手法では、「トライアンギュレーション（Triangulation）」と呼ばれる。
39：エクスターナルオーディット（External Audit）と呼ばれる。
40：メンバーチェッキング（Member Checking）と呼ばれる。

ること、です。データを分析した結果、当初の教育目標とは異なる、より喫緊の課題が発見された場合、あるいは、問題解決のためにアプローチすべき対象は別のものであると判断された場合には、目標やターゲット自体も見直しの対象となります。同様に、仮説検証のためのデータが不十分だと判断された場合には、学習評価の在り方から検証し直す必要があります。

併せて、ここからがさらに大事なことです。その際、ぜひ次の二つのことにチャレンジしてください。一つめは、教師の皆さんへのお願い、二つめは、教育行政へのお願いです。

3-7 「ラーニング・コミュニティ」と「学校の民主化」

お願いの一つめ。**教師の皆さんは、学校としての目標を決定する際を含め、実践のPDCAサイクルを回す随所で、生徒たちの意見を聞いてください。**「生徒」と書いていますが、前述の通り、本書における「生徒」には、小学校の児童も含まれます。「そんなのムリムリ。ウチの子どもたちは意見なんて言えるワケがない」と思うかもしれませんが、本当にそうでしょうか。僕はそんなことはないと思います。確かに最初は生徒たちも「何を言えばいいのか」と戸惑うでしょう。しかし、必要なサポートを行った上で、急かすことなく、粘り強く待っていれ

41：先行研究を探すには、「教育研究論文索引（国立教育政策研究所）」、「Google Scholar」、「CiNii（国立情報学研究所）」、「J-STAGE（科学技術振興機構）」などのウェブサイトが活用できる（いずれも無料）。また、教育記事を検索できる有料のサービス（「明治図書ONLINE教育記事DATABASE」など）もある。

ば、彼ら、彼女らはきっと意見を言えるようになります。

「未熟な生徒たちの意見に従って学校運営を行うなんて危険すぎる」と思われるかもしれません。しかし僕はむしろ、大人たちの意見だけに基づいて学校運営を行う方が、よっぽど危険だと考えます。【2－4】に書いた通り、教育改革者であろうが、改革に抵抗する教師であろうが、大人たちの思考は、「自分自身のこれまでの人生を否定したくない」という無意識下の心理が判断のベースになっています。この、ある種の「防衛本能」は、大人たちのフラットな価値判断を阻害し、視野を狭いものにしてしまいます。つまり、知らず知らずのうちに、自分と同じような人生を歩ませようと、子どもたちを誘導してしまうのです。しかし、当たり前ですが、生徒たちの人生は生徒たちの人生であり、教師の人生でもなければ、教育改革者の人生でもありません。そして子どもたちは、過去に引きずられてしまう大人たちと違って、常に未来を見つめています。「これまでの人生」よりも「これからの人生」を見ている子どもたちの方がむしろ、未来に向けた営みである教育の舵取りを行う上で、的確な判断を下せる可能性があるのではないでしょうか。

併せて、生徒が学校の目標設定や実践の改善について意見を言えるようになるまでのプロセス自体が、学校の改善プロセスだと言えます。学校の方向性という「答えのない問題」に対する自分の意見を教師に向かって言うのは、生徒たちにとって相当勇気が要ることです。逆に言えば、学校という場所に、かなりのレベルの心理的安全性が確保されていない限りは、意見を言うのは難しいでしょう。そうであるにも関わらず、「なんか意見ある?」と生徒に1回聞いて、言えなかった瞬間に「やっぱりウチの生徒にはムリだった」と結論付けて諦めてしまっては、元も子もありません。言えなかったのであれば、言えるようになるまで、学校というコミュニティの在り方を改善し続けていかなくてはいけません。

タイトルに書いた「**ラーニング・コミュニティ**」。**僕はこれが、僕の夢とビジョンを実現する上でのキーワードだと考えています。**ラーニング・コミュニティは、文字通り、「**学び続け、そして学び合い続ける人たちが集う共同体**」です。そこには、「教師は教え、生徒は習う」という、一方通行で硬直的な役割分担はありません。教師も、生徒も、事務職員も、さらには保護者や地域住民も、誰もが、互いに学び合い続けるとともに、コミュニティを創造し、進化させていく、共同体の一構成員です。よって、誰の意見であっても尊重され、対話によってコミュニティの未来は決定されていく必要があります。

このことを僕は、**「学校の民主化」(Democratizing Schools)**と呼んでいます。「教師が支配する側、生徒は従う側」ではない。「教師がルールを作る側、生徒はそれを守る側」でもない。「教師が施す側、生徒は乞う側」でもない。生徒は一主権者として対話に参画し、学校の目指すべき方向性(ゴール)や、進むべき未来の決定に関与する権利を持ちます。

お気付きの通り、これは、ただ単に、「学校の目標を決定する際、形式的に生徒の意見を聞けばいい」というものではありません。むしろこれは、**学校のインフラストラクチャー、すなわち学校文化を変革していくためのプロセス**です。外圧への対抗手段として発展してきた学校文化を、信頼のコミュニティの旗印へと切り替えていく。ただし、その信頼は無条件のものではありません。【3-4】に書いた、Meier の言葉を思い出してください。**学校と教育行政・保護者の関係性と同様、教師と生徒の関係性も、ほどよい緊張関係のもと、本心による対話が溢れる、民主的なコミュニティへと転換していく必要があるのです。**

3-8 教育行政は、「コンシェルジュ兼プロデューサー」へ

お願いの二つめは、教育行政の皆さんに対してです。

内容に入る前に、一つエピソードを紹介したいと思います。文部科学省に入ってすぐ、いわゆる新規採用職員向けの研修を受けました。その内容で、一つだけ、今も覚えていることがあります。それは、ある幹部から言われた、次のような言葉でした。

これからの教育行政において、文部科学省の役割は変わらなくてはいけない。これまでが「ガイド」だったとすれば、これからは「コンシェルジュ」だ。今までの教育行政では、すべての関係者を一律に同じ場所に連れていくことが求められた。しかしこれからは違う。自治体、学校、生徒によって、行きたい場所、行くべき場所は様々だ。しっかりと情報を集めた上で、一つひとつの関係者の声を丁寧に聞き、その実情を十二分に踏まえながら、個々に応じた必要な支援を行うこと。これこそが、「コンシェルジュ」としての、新しい文部科学省の役割だ。

僕が教育行政にお願いしたいことは、「二つの役割転換」です。

その第一が、「**ガイドからコンシェルジュ**」。これは、文部科学省だけではなく、教育委員会も同様です。ガイドとコンシェルジュの違いは、単に「一律に案内するか、個別に案内するか」ということではありません。最大の違いは、「**オーナーシップの所在**」です。ガイドの場合、オーナーシップはガイドにあります。一方で、コンシェルジュにはオーナーシップはありません。旅の主体は旅行者であり、コンシェルジュは、あくまでそれを支える側です。そこには統制力も、拘束力も、強制力もありません。ですから、教育行政に必要な役割転換の第一は、学校の改革を（半ば強引に）指示・指導する立場から、それぞれの実情を踏まえて支援する側へと転換することです。

では、どのように支援すればいいのか？ それが第二の役割の転換、**「総監督からプロデューサー」**です。これまでの教育行政は、いわば「総監督」でした。監督である校長に現場、すなわち学校の運営を任せているかのように見せつつ、実際には、人事権と予算権をちらつかせて、様々なことに細かくクチを出す。しかし、新たな役割であるプロデューサーの最大の仕事は、**「クチ以上にカネを出すこと」**です。現場のやり方に細かく口を出すのではなく、現場のことは監督（校長）に任せる。一方で、現場がよりよいものを作れるように、必要な予算を取ってくる。ですから、プロデューサーとしての教育行政が果たすべき最優先の役割は、財政当局と政治を説得し、学校現場に届くカネを取ってくることです。なお、その際には、【3ー3】で述べた通り、学校が自由に使えて、専門職としての教師の「トライアル&エラー」を後押しできる予算であることが重要なのは言うまでもありません。

加えて、プロデューサーのもう一つの重要なミッションは「**キャスティング**」、すなわち、「**外へのプロモーションを積極的に行い、必要な人材を確保し、最高の成果を上げられるチームを構築すること**」です。

「プログラミング」「STEAM」「小学校英語」「○○教育」など、学校に求められるものが多様化・高度化する中、すべてを教師だけで対応するのは、もはや不可能です。そもそも、日本の学校は伝統的に、自分たちの力だけであらゆることに対処するのが「善」であり「責任」

であるかのような文化がありました。しかし僕は、学校はこの「自前主義の文化」から脱却すべきだと考えています。これまで繰り返し述べてきた通り、教師を含む大人たちの役割は「子どもたちの世界を広げること」です。しかし、教師がすべてを担おうとすることは、「自分自身の世界に子どもたちを閉じ込めること」につながります。もちろん、生徒たちとの関係を深めようと努力することは大切ですが、それと同じくらい、いや、それ以上に「ホンモノ」に触れさせることも大切です。教師は万能ではありませんし、万能である必要もありません。外の力を借りることは、「悪」でも「逃げ」でもありません。使えるものは積極的に活用していくべきだと僕は考えます。

ただし、教育行政がプロデューサーとしてキャスティングを行う際に気を付けなくてはいけないことは、自分たちは同時にコンシェルジュでもあるということです。すなわち、自分たちの目から見て、どんなにその（外部の）人材が学校に必要であるように見えても、無理矢理押し付けるようなことがあってはいけません。オーナーシップは常に学校にあるのであり、教育行政は、現場としっかり対話しながら、「監督である校長が最も力を発揮できる環境を整える」ということに、全力を尽くしていく必要があります。

3-9 学びの生態系：ラーニング・エコシステム

学力テストの二つの改革（結果→プロセス、部分→全体）、科学的な実践改善サイクルの積み重ねによるリサーチマインドの育成、生徒の参画による学校の民主化、「ガイドからコンシェルジュ」「総監督からプロデューサー」という教育行政の二つの役割転換、キャスティングを通じた学校のチーム化。

これらの根底にあるもの。それはやはり「**ラーニング・コミュニティ**」です。生徒と教師のみならず、学び続け、そして学び合い続ける様々な人たちが集う共同体。その**共通のゴールは、子どもたちの「よりよい学び」に貢献することを通じて、「よりよい未来づくり」に責任を持つこと**です。教育とは本来、大学入試や高校入試のために存在しているわけではありません。自分の頭で考えられず、学校のルールや教師の命令に服従する「ロボット」を育成するために存在しているわけでも、もちろんありません。

また、教育とは本来、教師や保護者だけのものでもありません。未来が誰の目の前にも存在しているように、教育を語る資格、教育を描く資格、教育を行う資格は、すべての人たちが有するものです。しかし残念ながら、学校の閉鎖性と、外部からの支援の乏しさが相まって、これまで長らく教育は、教師の専有物になってしまってきました。学校が「ラーニング・コミュニティ」になれば、教育は万人に開かれた、「みんなのもの」になります。言うなればこれは、**「教育の民主化」(Democratizing Education)**です。

ではそのときに、「真の専門職」たる教師の役割とはいったい何か。【1－11】で僕は、教育行政官は、学校現場で起こっていることを分析し、それを政策に活かしていくため、様々な専門家と協働する「指揮者」になるべきだと述べました。同じことが教師についても言えます。すなわち、**多様な人たちが参画する「教育」というオーケストラにおいて、唯一無二のハーモニーを生み出すべくタクト(指揮棒)を振る、指揮者となること**です。

「ラーニング・コミュニティ」のメンバーは、単に物理的に学校に集う人たちに限られません。当たり前ですが、子どもたちは、学校の中だけで学んでいるわけではありません。保護者との関わり、地域の人との交流、公民館・図書館・博物館などにおける専門家とのやり取り、様々な習い事、友達との遊びなどなど、多様な人々との関わり合いの中で、子どもたちは学び、成長していきます(この他にももちろん読書など、単独での学びもあります)。そう考えれば、「学校での学び」というのは、「子どもの学び全体」のごく一部分であることがわかります。教師や教育行政は、ともすると、「学校での学び」のみにフォーカスを当て、その質を向上させることにだけ専念しがちです。もちろんそれは大切なことですが、しかし、「学校内での学びと、学校外での学びの間に有機的なつながりを持たせ、これらが相互に作用することにより、子どもたちにとっての学び全体の成果を最大化させていく」、これが理想だと思いませんか？

アメリカでは、このような**子どもたちの多様な学び全体にフォーカスを当てた取組のことを「ラーニング・エコシステム」あるいは「ラーニング・エコロジー」**と呼んでいます。「ラーニング・エコシステム」、すなわち「質の高い学びの生態系」を構築することの最大のメリットは、**学校内での学びを、子ども一人ひとりの文化や価値観、興味・関心、そしてアイデンティティとつなげられる可能性がある**ことです。

少し掘り下げて考えてみましょう。Apple（Michael W. Apple）という教育学者は、次のように述べています（Apple, 1992, p. 4）。

The school curriculum is not neutral knowledge. Rather, what counts as legitimate knowledge is the result of complex power relations, struggles, and compromises among identifiable class, race, gender, and religious groups.[42]

～学校のカリキュラムは、中立的な知識ではない。むしろ、何を正当な知識とみなすかは、階級間、人種間、ジェンダー間、宗教間の複雑な権力関係や闘争の結果であり、

42：Apple, M. W.（1992）. The Text and Cultural Politics. *Educational Researcher*, 21（7）, 4-19. https://doi.org/10.3102/0013189X021007004

妥協の産物だ〜

この点は、日本ではほとんど議論になりませんが、アメリカの教育大学院では、次の問いに何度も向き合わされました。

「そのカリキュラムは、誰の、どんな価値観、理念、文化が反映されたものか？　そのカリキュラムは、すべての子どもたちにとって、フェア（公正）なものか？」

Appleが言う通り、残念ながら、教育行政が定めるスタンダードや学校のカリキュラムは、中立的な知識でもなければ、あらゆる子どもたちにフェアなものでもありません。これらは、これらの作り手、すなわち現在のスタンダードやカリキュラムにおいて学ぶことに成功し、作り手たるポジションにまで上り詰めた人たち、言い換えれば「持てる人々」の間で共有されている価値観、理念、文化が反映されたものです。[43]「学校で学ぶべきカリキュラム」には、彼らの経験則に基づき、「社会で生きていく、そして成功するためには、このような知識やスキルが必要だ」と判断された内容が掲載されています。同様に、教え方・学び方も、彼らの実体験に基づいて「このように教え、学ぶのが、最も効率的だ」と考えられた手法が推奨されることになります。そうである以上、「持てる人々」のもとで育てられ、価値観、理念、文化を同じ

43：Delpitは、このことを“the culture of power”と表現し、分析している。詳しくは、以下の論文参照。Delpit, L.(1988). The silenced dialogue: Power and pedagogy in educating other people's children. *Harvard EducationalReview, 58*(3), 280-299. https://doi.org/10.17763haer.58.3.c43481778r528qw4

くする彼らの子どもたちは、何の違和感もなく、こうした知識・スキル・手法を受け入れることができるでしょう。それに対して、「持たざる人々」の子どもたちは、自分たちの日常からも、将来像からも、興味・関心からも切り離された知識・スキルを、同じように切り離されたやり方で学ばねばなりません。つまり、「なぜこれを、このように学ばなくてはならないのか」「これが、いったいどのように自分の人生に役立つのか」もわからないままに、苦闘・苦悩しなくてはいけないのです。これは、世代を超えて長い間引き継がれていきます。「持てる人々」の子どもたちは、代々この「特権」を享受することができる一方、「持たざる人々」の子どもたちは、永久にこの「負の連鎖」から抜け出すことができません。

しかし、多様な子どもたちが集まる学校において、すべての子どもの文化や価値観、興味・関心、アイデンティティに完全に寄り添って教育を行うことは、ほぼ不可能です。「個別最適な学び」に、これを改善できる可能性がある一方で、むしろ、「持てる子」と「持たざる子」の間の格差をさらに広げてしまう危険性があることは、【コラム③】と【コラム④】で述べた通りです。

「ラーニング・エコシステム」は、「学び」と「暮らし」のボーダー（境界線）を減らしていく営みとも言うことができます。子どもたちの「暮らし」は、それぞれの価値観、興味・関心、そしてアイデンティティと密接に結び付いています。そうである以上、そこでの「学び」も、一人ひとりの価値観、興味・関心、アイデンティティと緊密な関わりを持つものです。したがって、「教師が『ラーニング・コミュニティ』の『指揮者』となり、多様な学びの橋渡しを行うことができれば、子どもたちは学校における学びにも意義を感じることができ、学び全体の成果が最大化されるのではないか」、これが「ラーニング・エコシステム」に込められた想いです。

ここまでお読みいただいて、「理想はわかったけど、いったい何をすればいいの？」、そう思われた教師の皆さんも多いと思います。第一歩として、先生方にやっていただきたいのは、次の二つのことです。

第一に、**「ラーニング・コミュニティ」のメンバー、すなわち生徒たちの学びに関わる大人たちと、積極的に対話してください**。「意見を言わなきゃ」とか「巻き込まなきゃ」とか、難しいことはあまり考えなくて大丈夫です。そうではなく、「学校ではこんなことをやっているんです」とか、「この子は学校ではこんな感じなんですよ」ということを伝え、そして相手が何をしていて、その子とどんなふうに関わっていて、その子をどんなふうに見ているのかということを聞いてみてください。その中にも、「学びをつなぐ」ヒントはたくさんあるはずです。

二番目は、**生徒たちに対する小さな声かけと働きかけ、そして彼ら、彼女らの小さな声を拾っていくこと**です。学校の中ですべてを完結させようとするのではなく、可能な限り、それを広げ、紡ぎ、つなげていってください。学習内容につながるものが地域にあるのであれば、授業中や授業の最後に「実はこの町にはこんなものがあるんだよ」と紹介する。専門家や詳しい人がいるのであれば、「実はこんな人がいるんだよ」と伝える。遠い世界の場所でも、人でも、コミュニティでも、今はインターネット経由で探し、調べ、つながり、参画することができます。教師が「面白い！」と思ったものは積極的に紹介して、オンラインで探究・協働するきっかけを作ってください。紙からデジタルになっただけのドリルを解かせるためではなく、こうしたことのためにICT端末は活用されるべきです。

もちろん、そのように伝えたからと言って、実際に動いてくれる生徒はほんの一握り、ゼロから数名の間でしょう。でもそれでよいと思います。なぜなら、文化や価値観、興味・関心、アイデンティティは、生徒一人ひとり異なるからです。刺さる子やハマる子もいれば、そうではない子もいる。これを一律の「宿題」にしてしまっては台無しです。行動経済学で言う「ナッジ」のように、生徒の自発的な行動を、気付かれないぐらいの「ささやかさ」で、そっと後押ししてください。

「あのね先生、昨日学校から帰った後に、こんなことがあったんだよ」「こないだの授業で先生が言ってたあそこ、実は日曜日に行ってきたんだ」「先生が言ってたYouTubeのあの動画、見てみたけどちょっとよくわからなかったんだけど」……そんなセリフが生徒から生まれてくれば、それが「ラーニング・エコシステム」構築の第一歩です。目を輝かせながら語ってくれる子どもたちの話を聞きながら、さらにタクトを振り、素晴らしいハーモニーを奏で続けましょう。

3-10 管理職の皆さんへ：「Festina lente」

「Most Likely To Succeed」というドキュメンタリー映画があります。

アメリカのカリフォルニア州にある「High Tech High」というチャータースクール（いわゆる公設民営学校）での教育実践を中心に取り上げながら、いわゆる「伝統的な教育」の在り方に問題提起を行っている映画です。

「High Tech High」は、全米でも屈指の「革新的な学校」です。プロジェクト型学習（PBL）の先進校として知られ、この映画の中では、9年生（中3）における物理・技術・社会科の教科横断プロジェクトとして、「歴史上、様々な文明が栄枯盛衰を繰り返してきた理由を説明する理論を構築し、それを表現する作品を、クラスで協働して制作すること」という課題が課されます。しかし、僕がこの映画で最も記憶に残っているのは、学校の実践や生徒の学びではなく、次の二つのシーンです。

ある生徒の母親が教師に対して、「息子はPBLに没頭しているが、テスト（大学入試）は大丈夫なのか」という不安を打ち明けます。それに対して教師は、「自分はUCバークレー（※アメリカで最も偏差値の高い大学の一つ）を卒業し、その後銀行に入った。しかしそのとき、自分はチームでの働き方について、大学を含めてこれまで学んでこなかったことに気付いた。この学校の生徒たちは今、それをここで学んでいるんだ」と説明します。しかし母親は、「テストに合格したからあなたはUCバークレーに入れたし、就職もできた。チームで働くスキルは、仕事に就いてからだって身に付けることができるのではないか。もちろん学歴がすべてだとは思わない。私が望むのは、息子に幸せになってほしいということだ。ただ同時に自分は、この段階で息子の人生の選択肢を減らしたくはない」と本心を吐露するのです。

もう一つの場面では、別の、同様に革新的な実践を行っている学校で、生徒たちと教師が話をしています。撮影クルーは生徒に、「先生に、テスト対策をしてほしいか、それとも、将来の仕事や生活に役立つような授業をしてほしいか」と尋ねます。それに対して生徒たちは次々と「テスト対策」と答えるのです。

前のセクションで僕は、学校内での学びを、子どもたちの文化や価値観、アイデンティティとつなげることの重要性について書きました。【コラム④】では、脱文脈化された知識を詰め込む「行動主義」から、子どもたち一人ひとりが、自ら知識を意味付け、価値付けしていく「社会構成主義」へと、学習観を転換していくことの必要性を説明しました。しかし、考えてみてください。**大学の入学テストにおいて、子どもたち一人ひとりの文化や価値観、アイデンティティ**

ティと結び付いた、社会構成主義に基づくような問題が、果たして出題されるでしょうか？

むろん、答えは「Ｎｏ」です。仮に出題されたとしても、「評価の客観性・公平性」の視点から、大問題になるでしょう。そこには一つの決まった答えはありません。定型的な答えがない以上、客観的に採点することはできない。だからテストで出題すべきではない。それが入試の「常識」です。

アメリカの教育大学院で僕は、学習科学を学びました。授業では、行動主義から脱却し、社会構成主義に基づく教育へと、学校の実践を変革していくことの重要性が繰り返し強調されていました。しかし、それを聞きながら、常に僕の脳裏にあったのは、次の問いでした。

「『答えは一つ』という行動主義に支配された社会システムの中で行われる、社会構成主義への転換を目指した学校のチャレンジに、さらには、学校の価値観の多様化を目指したチャレンジに、果たしてどの程度の価値があるだろうか？」

実は、正直に申し上げて、僕もこの問いに対する明確な答えは持ち合わせていません。教師主導の、教科書とテストに基づく、知識伝達型の学びに価値を見出せず、今も苦しんでいる子どもたちはたくさんいます。それは間違いありません。そして、上記のようなチャレンジは、そうした子どもたちに学ぶ意義と達成する喜びを与える可能性がある。そう信じてはいます。

しかし一方で、高校や大学の入試、さらには就職という社会システムが変わらないままでは、彼ら、彼女らはそこで脱落していく可能性がある。その結果、本当の意味で、苦しんでいる子どもたちを救うことにはつながらず、むしろ、格差を維持、あるいは拡大することにつながるだけなのではないか。つまりこれは、目の前の子どもたちを一時的に満足させるだけの、単なる「対症療法」であり、中長期的あるいは抜本的には、何の解決策にもなっていないのではないか。そうやって、もう一人の自分がささやくのです。

これをお読みの、校長先生をはじめとする管理職の皆さんも、同じような悩みや迷いを抱えているのではないでしょうか。

その上、仮に必要性について確信を持てたとしても、変革は一筋縄では進んでいきません。Evans（2001）[32]は、**変革は教師に対して、一つのLと三つのC、すなわち「1L＋3C」をもたらす**と述べました。これは、変革の内容を問いません。それがどんなに正当性を有するものであったとしても、変革は、半ばシステムとして、教師たちに「1L＋3C」をもたらすのです。

Lは、Loss、「喪失感」です。教師たちは、変革によって、教師として積み上げてきた人生はもちろん、教師になる前の生徒としての人生も含めて、これまでの自分自身を否定されたと捉え（【2−4】参照）、大きな喪失感を味わうことになります。そして、一つめのCはChallenge to Competence、「能力への脅威」です。変革に伴い、これまで自分が磨いてきた力、例えば教科指導力や生徒指導力などとは全く異なるように見える、ファシリテーション力やコーチング力などの新たなスキルが求められるようになります。その結果、彼らは自らが無力であるかのような気持ちに苛まれます。二つめのCはConfusion、すなわち「困惑」です。前述の通り、特にトップダウンの変革においては、往々にして、十分なスキルアップの機会は与えられません。何をすればいいのかも、どうすればいいのかもわからないまま、教師たちは変革に立ち向かうことになり、路頭に立ち尽くします。そして最後はConflict、教師たちの間の「衝突」です。変革に賛同する者、賛同はしないまでも従う者と、変革に懐疑的な者、変革に反対する者の間で、分断や対立が生まれます。

学校の管理職は、変革の中で、社会システムというマクロな問題と、教師の内面というミクロな問題の双方に向き合わなければならないのです。

しかし、それでもなお僕は、社会構成主義への転換を目指した学校のチャレンジ、そして、学校の価値観の多様化を目指したチャレンジは、必要だと信じています。なぜなら、現状のまま放置していても何も変わらないからです。社会システムの側がおかしいのに、それに学校が合わせなきゃいけないなんて、本末転倒じゃないですか。何よりこのままでは、今苦しんでいる子どもたちは何も救われません。どれだけ可能性があるかはわからないけれど、新しい教育のもとで学んだ子どもたちが将来、社会システム自体を変革していくかもしれない。僕は、それに賭けてみたいと思うのです。なぜなら、**僕は「教育の力」を信じているから。**

「Festina lente」という言葉があります。ラテン語で、「焦らず、急げ」。

学校のチャレンジは、ある種の「社会変革」です。だから、簡単ではないし、逆風も吹くし、時間もかかるし、特に管理職は不安にもなる。だけど必ず、子どもたちの「よりよい学び」と、「よりよい未来づくり」につながるはず。

「教育の力」を信じる皆さん。そう信じて、焦らず、急ぎましょう。

3-11 孤独な子どもたちを救うために

自ら命を絶つ前、子どもたちはいったい、何を考えるのでしょうか。

おそらく、多くの子どもたちが、孤独を感じ、自分自身のことを責めていると思います。「こんなにつらい思いをしているけど、誰も僕のことを助けてくれない。きっと、僕は、誰からも手を差し伸べてもらえないような人間なんだ。手を差し伸べる価値もない人間なんだ。生まれてきたこと自体が間違いだったんだ。だから消えていくべきなんだ」と。

この子の周りには、大人も子どももたくさんいるのに、こんな悲しいことを、どうして誰も防ぐことができないのでしょう。

イジメ根絶や、子どもたちの精神的なケア、多様な居場所づくりなどに関する取組は、もちろん進めなくてはいけません。それは大前提です。しかし、この問題の根っこには、学校を「自由な場」にすることを許さない「学校文化」の問題、そして、そんな学校文化の変革を阻害する「社会システム」の問題があり、ここに手を付けない限り、残念ながら根本的な解決にはつ

図表21 不信or信頼の「連鎖」

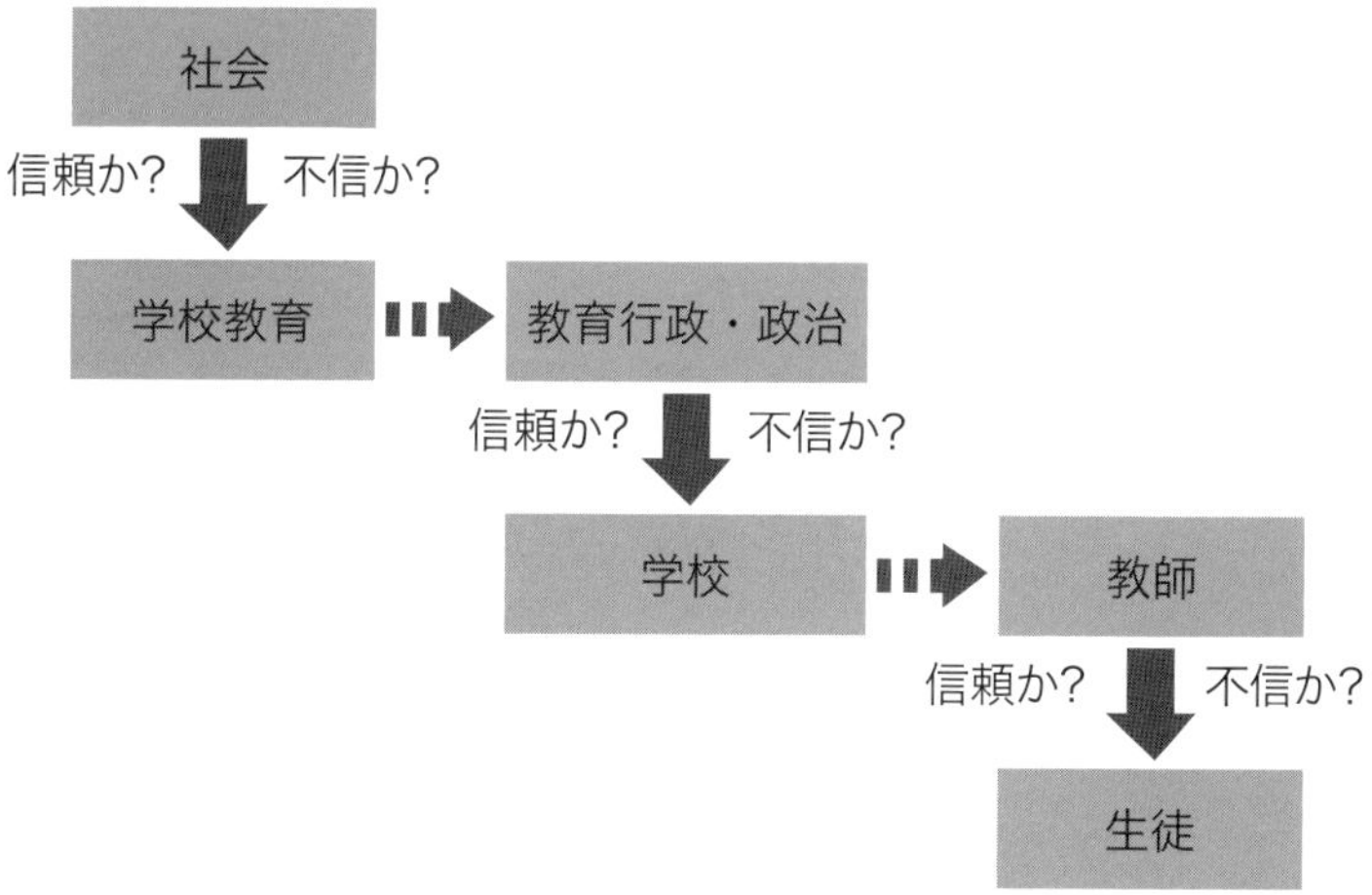

(筆者作成)

ながりません。この本では、約20年間の「教育改革者」としての僕の経験をもとに、これらの問題を紐解いてきました。

振り返っていく前に、まずは、〈図表21〉をご覧ください。

この図が、問題の構造を僕なりに整理したものです。

まず一番右側、子どもたちに直接関わるところでは、「**教師から生徒への不信**」があります。「緩めれば、生徒の問題行動が増えるので、校則で縛り続けなくてはいけない」「放っておくと生徒は勉強しないので、宿題を出し続けなくてはいけない」「子どもたちは未熟だから、教師が引っ張っていかないと、いけない」など。

もちろんこの問題の直接の原因は、旧態依然とした学校文化や、変わることを恐れる教師たちにあります。**しかしその背景には、より大きな「不信」の構図があり、これらが教師と生徒の関係性に大きな影響を及ぼしていると思うのです。**

その第一が、真ん中にある「**教育行政や政治から学校への不信**」です。「教師は怠けるので、学力テストを中心としたアカウンタビリティシステムで縛り続けなくてはいけない」「学校に任せていては改革は実現されないので、強引にでも教育行政がリードしなくてはいけない」「独創性あふれる教育を実現するような力は今の学校・教師にはないので、詳細なカリキュラムやスタンダードにより、個々の教師の自律性を減らしていかなくてはいけない」など。**このような「信頼されていない」という実感は、学校・教師から、変化するためのモチベーションとエネルギーを奪い、結果、「前例に従いながら、他の学校・教師と同じようにやっておけば、怒られないだろう」という前例踏襲・横並びの学校文化を生み出してしまいます。**

しかしさらに、実はその大本には、一番左側の「**社会から教育への不信**」があるのです。「国際社会の中で日本が取り残されている原因は、荒廃した学校教育にある」「学校教育は、変われないし、変わるつもりもない」「もはや学校教育は自分たちの力では変われないので、社会の側から圧力をかけ、破壊していくしかない」と。

教育行政も教師も、学校教育を取り巻く人々は、みな周りからの不信感と孤独を感じています。本来、子どもたちを救うために、手と手を取り合っていかなくてはいけないのに、みんな自分自身を守ることで精いっぱい。そして、最も悲しいことに、そのしわ寄せは子どもたちが受けることになってしまうのです。

これまで、「学校を、もっともっと『自由な場』とし、「子どもの自殺をゼロにする」という僕の夢を実現するために必要なことを述べてきました。学校文化の変革、ラーニング・コミュニティ、学校の民主化、ラーニング・エコシステム、教師の「真の専門職化」……。結局のところ、僕が言いたいのは、**対話の必要性**です。**子どもたちを救うことができるのは、どんな法令でも、どんなシステムでも、どんなマニュアルでもなくて、結局は、対話なのではないでしょうか。**

教師は、生徒と対話する。「教師と生徒」「大人と子ども」ではなく、ラーニング・コミュニティの一人の構成員として。また教師は、生徒たちの学びに関わる様々な人々と対話する。学校の学びと学校外の学びをつなぐ、ラーニング・エコシステムの指揮者として。教育行政は、学校と対話する。「管理者」ではなく、「教育の力」を信じ、「よりよい未来づくり」に力を合わせて取り組む「パートナー」として。保護者を含む一人ひとりの市民は、教師と対話する。

孤独を感じている子どもたちを、社会全体で救うために。

かつて、内村鑑三は、天文学者ハーシェルの言葉を引用し、「**われわれが死ぬときには、われわれが生まれたときより世の中を少しなりともよくして往こうではないか**」と述べました[44]（内村、2011, p.19）。「自分が生まれたときよりも素晴らしい社会を、自分が死ぬときに生まれる子どもたちに残すこと」。これこそが、教育の原点かつ根幹であり、そして人間が生きてきた証なのだと思うのです。

あなたは、今の社会は、自分が生まれてきたときよりも、素晴らしい社会だと思いますか？もしも確信を持って「そうだ」と言い切れないのであれば、あなたにすべきことはたくさんあります。

あなたがこの一文を読んでいる、今この瞬間も、社会に絶望し、孤独を感じて、そして実際に自らの命を絶ってしまう子がいます。そんな毎日が繰り返される結果、1年間で512人もの子どもたちが自殺しているのです。

一刻も早く、この状況を変えなければなりません。そのために、あなたにできることも、たくさんあります。その第一歩となるのが、対話です。

44：内村鑑三『後世への最大遺物・デンマルク国の話』（2011年、岩波文庫）

僕は、人の力を信じています。

「子どもの自殺をゼロにする」という僕の夢と、「学校を、もっともっと『自由な場』にする」という僕のビジョンは、きっと今、皆さんの夢であり、皆さんのビジョンになっているはず。

そんな力が集まったときには、トップダウンによる「教育改革」なんかしなくても、子どもたちはもちろん、教師の笑顔もあふれる場に、学校はなっているはず。そしてそう遠くない将来、世の中から「子どもの自殺」を根絶することができるはず。

20年間、「教育改革」をし続けてきた今、僕はそう信じています。

おわりに

思い返せば、この本を書こうと思ったのは、二つのモヤモヤと、一つの出来事がきっかけでした。

第一のモヤモヤは、コロナ禍の休校中に開催された、高校生とのオンライン対談です。そこで高校生から投げかけられたのは、次の素朴な質問でした。「高校って、何のための場なんですか?」。僕の回答としての「学校の意義」は、「多様な人々が集まり、協働しながら学び合う場」というもの。それに対して高校生は、「高校は、生徒も偏差値で分けられていますし、授業も一方通行ですし、多様性も協働もないと思うのですが……」。……確かに。次の回答として、コロナ禍の中で注目された「安全に、安心して学べる場」、いわゆる教育福祉の場としての学校の意義を伝えたところ、「校則でも指導でも制服でも縛られて、自由も安心もないんですが……」。うーん、なるほど……。高校生は続けて、「大学に行くためには、高校を卒業しなくちゃいけない。だから高校には行かなきゃいけない。でも、みんなが同じ場所に集まる必要はなくないですか? 一言で言うと、高校に通うのって、時間の無駄だと思うんです。今の講義動画の視聴というやり方で、僕は何の不自由も感じていません。行ったところで同じような授業ですし。むしろ、通学の時間もお金もかからないし、変なルールも縛りもないし、こっちの方がいいかも。コロナが終わっても、僕はこのまま、学校に行かずに一人で学ぶのでいいです」。お気付きのように、**この高校生が問題提起しているのは、コロナ禍という「異常時」の学校教育の在り方ではなく、コロナ前の「平常時」における学校教育の在り方**です。**「異常」が「平常」に戻れば、それで「よかったよかった」ではなく、今、根底のところから学校教育の存在意義が問われている、そう感じました。**

そして第二のモヤモヤは、【はじめに】にも書いたような、教育改革に関する「チープ」な議論、学校教育に対する「チープ」な批判の流行です。「あれか、これか」という二項対立、すなわち、「現在の学校教育は時代遅れだから、壊してしまえばいい」という単純な批判。「社会のニーズにマッチしていないのだから、もっとビジネス界が主導権を握るべきだ」「テクノロジーは、学校教育を抜本的に変革する」という印象論。批判の中身の妥当性や正当性は吟味されることなく、学校教育という「悪」への批判であることのみをもって「善」とする、思考停止な世論。そして往々にして、このような議論は、教師への理解、教師との対話なく、「教師不在」のもとで行われています。高校生の問題提起が示すように、**学校教育の存在意義が根底から問い直されている今だからこそ、批判のための批判ではなく、当事者不在の批判でもな**

く、当事者に責任を押し付けるだけの批判でもなく、誰もが当事者となって、建設的に、未来志向型の対話を行うことが必要だと考えたのです。

そんなモヤモヤを抱えながら、「文部科学省でも広島県でも、約20年間、教育改革をし続け、他の誰よりも教育改革に深く関わってきた身として、世の中に何か発信できること、そして発信すべきことがあるのではないか」、そう考えました。具体的には、誰も教育改革を否定しない、そして否定できない、ある種の「同調圧力」あふれる現状にあって、教育改革が進まない理由と、教育改革自体に内在する問題を、もっとクリティカルに分析したものが必要ではないか、そう考えていました。

そんな折に、一つの出来事が起こりました。

2021年6月2日。公立小学校の教師だった僕の父親は、66年間の短い生涯を閉じました。

最後に会ったのは2019年の年末、子どもたちも一緒に、みんなでディズニーシーに行ったときでした。その後、肺がんという病気が発覚。しかし、コロナが流行し、僕は彼の闘病生活中、一度も見舞いに行くことも、話をすることもできませんでした。葬儀の時、1年半ぶりに会った、もう喋ることのない彼は、信じられないほど痩せていました。

ディズニーシー近くのホテルで、結果的に最後となる夕食をともにしたとき、僕は彼に、アメリカで勉強したいことを伝えました。彼は珍しく、僕の判断に反対し、次のように言いました。「日本の教育行政が心配だ。教師のことを大切にしない教育行政のもとで、子どもたちを大切にする教育なんてできるんだろうか。お前には、アメリカなんか行かずに、教育行政を立て直す仕事をしてほしい」。

僕はその言葉を無視して、アメリカに行くための勉強を続け、教育大学院に合格しました。そして、日本を出発する2か月前、渡米前に家族で久しぶりに会いに行こうと考えていた矢先に、彼は亡くなりました。

彼は教師として、いつも戦っていました。子どもたちとではなく、他の教師たちと。「何で教師ってのは、子どものことを第一に考えずに、自分たちのことを第一に考えるんだ」。家ではいつも愚痴を言っていました。そんな彼が僕に与えた就職のアドバイスは一つだけ。「教師にだけはなるな」。

結果、僕は教育をシステムから変えるため、文部科学省に入りました。文部科学省への入省が決まったとき、誰よりも喜んでいたのは彼でした。そんな彼なので、文部科学省を辞めて、広島県に転職する際、僕は反対されるだろうと思っていました。しかし彼の反応は一言、「そうか」。その後彼は、神奈川での定年退職後に、単身広島に居を移し、数年間、広島の教員として働きました。それは僕がいるからではなく、広島の教育に可能性を感じたから。ですが、広島で一緒に飲んだとき、彼は呟きました。「みんなもっと自由にやればいいのになぁ。宿題を一日でも出さないだけで、校長から文句を言われるんだよ。『教育委員会からの指示に違反している』って」。

実はその数か月後、僕は、父が働いていた自治体の教育長と食事をする機会がありました。何も知らない教育長は僕に、こう言いました。「定年後にわざわざ神奈川から来た教員がいるんですよ。でもこの教員が使えないらしくてねぇ。『何で毎日宿題を出さなければいけないんだ。子どもたちにはそれぞれ、やりたいことと、やるべきことがあるんだ』って、いちいち管理職に反発してくるらしいんですよ。まったく、子どもたちの学力のことを、どう考えてるんですかね。子どもたちの学力向上に責任を持つのが、教員の仕事なのに」。県教育委員会における教育改革の担当課長として、僕はただ「そうなんですね」と答えました。

その数か月後、彼は広島の学校を辞め、神奈川に戻り、そして、「教育行政を立て直す仕事をしてほしい」と僕に託して、この世を去りました。

冒頭書いたように、彼は、家では家族にDVを振るう父親でした。教師を憎み、「教師にだけはなるな」と言う父親でした。そんな父が、最後に残した言葉が「教師のことを大切にしない教育行政のもとで、子どもたちを大切にする教育なんてできるんだろうか」でした。

ディズニーシー近くのホテルで、最後の夕食をとったとき、僕は彼に、なぜアメリカに行きたいのか、アメリカで何を学びたいのか、詳しくは説明しませんでした。だからこの本は、天国にいる彼へのメッセージのつもりで書きました。

「教育改革者」としての僕の20年間を振り返ったこの本を読んだら、父は何と言うでしょうか。いつも片意地張って、弱いところを見せずに、闘病生活の様子だって僕に一切見せることなく旅立って行ってしまった彼のことですから、きっと笑いながらこう言うでしょう。「まだまだだな」と。

僕は、教育とは、「**出藍の誉れ**」、すなわち「青は藍より出でて藍より青し」だと信じています。「藍」、つまり師は、「青」である弟子に、自分のことを超えていってほしいと願っている。しかし一方で、「青」から見ると、「藍」は、自分たちよりももっともっと青く見えるのです。「自分にはまだまだ届かない」と感じながら、それに近付けるように、そしてそれを追い越せるように努力を続ける。いつか、師匠である「藍」のようになれることを夢見ながら。

僕の旅は、続きます。

僕は、自分が死ぬときには、僕が生まれたときよりもよい世の中を子どもたちに残したい。「そうできた」と胸を張って、最後の時を迎えたい。だから、前に進まないといけない。教育という、「世界で最も尊い営み」を通じて、未来を創っていかなくてはいけない。教育者という、「世界で最も尊敬されるべき仲間たち」とともに、子どもたちに笑顔を届けていかなくてはいけない。だから、前に進みましょう。ともに進み続けましょう。

僕の旅は、あなたとともに、子どもたちの「可能性」を信じる、かけがえのない仲間とともに、これからも続いていきます。

子どもの自殺がゼロになる、その日が必ず来ることを信じて。

寺田　拓真

＊お読みいただいた感想や、「旅の仲間」として、何か僕がお役に立てることがありましたら、以下のアドレスまでご連絡ください。一つひとつのメールに、必ず返信します。

takterada2023@gmail.com

＊この場をお借りして、素晴らしい「パートナー」として、この本を世に送り出してくれた学事出版の加藤愛さん、文部科学省で僕のことを育て、支えてくださったすべての方々、時に厳しく時に優しく指導してくださり、また、留学という素晴らしい成長の機会を与えてくださった湯崎知事をはじめとする広島県の皆さんと県議会の先生方、着任以来ずっと僕の「右腕」となってくれた松岡靖樹さんをはじめ、広島で僕の「改革」を支えてくれた教育委員会の仲間たち、そして何より、留学を含め常に突拍子もない思い付きで行動し迷惑をかけるのに、文句も言わずついてきてくれる家族（妻・理絵と、奏太、結太、実結という三人の子どもたち）に対して、感謝の気持ちを届けたいと思います。ありがとうございます。これからも、よろしくお願いします。

巻末対談

岩瀬直樹×寺田拓真

学校が子どもも教師も成長できる場になるために

変わりたい、チャレンジしたいという機運はあるのに、それができない現場の苦しい状況をいかに乗り越えるか。子どもも教師も成長できる学校づくりに挑み続ける軽井沢風越学園校長の岩瀬直樹さんとの対談をお届けします。

教師の自律性をいかに取り戻すか

岩瀬　今、学校が変わろうとしている機運があると思いますが、一方で現場は滅茶苦茶しんどい状況です。この本の中でも書かれていましたが、自治体がどうなっていくと学校が変わっていくことに寄与できそうですか。

寺田　一言でいうと、**自治体は学校のパートナーになるべき**だと思っていて、管理するとかコントロールするといった発想ではなく、学校と一緒になってトライアルアンドエラーをやっていく、当事者になっていくべきだと思っています。

自己決定理論（Self-Determination Theory（SDT[1]））では、**自律性、関係性（同僚性）、**

自己有能感の三つが満たされれば、モチベーション、パフォーマンス、ウェルビーイングが向上すると言っているのですが、この三つを先生が持てるような環境をいかにデザインし、サポートするかが自治体の役目だと思っています。あとは、現場が自由に使えるお金をたくさん配ることですかね。

岩瀬　教育行政に深く関わってこられた寺田さんが「現場のパートナーになるべき」と言い切ることが、変わろうとしている現場や自治体をどれだけエンパワーすることでしょう。そのような徹底した現場への信頼感は、どのようにして生まれたのですか。

寺田　実はもともとは、全然現場を信頼していませんでした。本当にろくでもない教育行政官でしたので（笑）。「全国学力・学習状況調査」の結果を市町村ごとどころか、学校ごとにランキングして公表し、白日のもとにさらしてしまえって、アメリカで失敗してきた教育改革みたいなことを考えていた人間でしたから（笑）。

今も100%信頼して全部任せればいいと言うつもりはないんです。健全な民主主義の関係になるべきだと思っていて、信頼している、尊敬しているけど、ちゃんと対話をする、ディスカッションをする状況をつくっていかないといけないと思っています。そのためには、コントロール型の教育行政のしくみを変えていかないといけないのではないか、それをやらない限り、先の三つのうちの自律性なんて一向に高まらないと思うし、教師の「真の専門職化」にはつながっていかない。**先生方に真のプロフェッショナルになってもらうためには、自分で判断でき**

1:アメリカの心理学者エドワード・デシ（Edward L. Deci）とリチャード・ライアン（Richard M. Ryan）によって提唱された「動機付け」の理論。

る材料・力、余地も必要になってくるので、それをやろうとすると、信頼していないと渡せないですよね。裁量を渡したら、一時的に現場は混乱するかもしれませんが、5年後、10年後、20年後の学校教育を考えたら、そこに踏み込まない限り、大変なことになるんじゃないかと思っています。

これだけ教師のなり手が減っている状況で、教職調整額や主任手当を少し増やしますとか残業時間を減らしますとか、やらないよりはやった方がいいとは思いますが、そういう問題ではないと思っています。先生のウェルビーイングに目を向けないといけないし、それも仕事の上でのウェルビーイングを考えると、やはり信頼されていて、成長できる職場でみんな働きたいと思うんですよね。

岩瀬　今の働き方改革、僕もやらないよりはやった方がいいとは思いますが、きっと大きくは何も変わらないだろうなぁと。むしろ**専門職からどんどん離れていってしまう方向性を危惧**しています。僕は公立の先生とも関わることが多いですが、変わりたい、学びたいといった専門職としてのマインドは、まだまだあるなと感じますし、そのポテンシャルもあると思っていますが、機会と余白がないんです。ちょっとした変化のきっかけでもあると、動いてみる人が確実にいるので、そこをエンパワーするアプローチがあれば、学校は変わっていくと思うんですよね。実践での手応え、自分が変化してきている実感が一番その人の幸福感を高めるので、本当にそういう方向になるといいなと思います。トップダウンはやればやるほど冷えるので。

寺田　そうですよね。子どもの変化が先生の一番の活力になると思うので、それを感じられるようにする、その環境をどうつくるかが、一丁目一番地なんじゃないかと思います。

岩瀬　教師の専門職としての自律性みたいなものって、この30年ぐらいで壊れていってしまったなぁと思いますね。僕が教員になった頃は、戦後の民間教育運動の熱がギリギリ残っていました。地域には仮説[2]のサークルや、水道方式[3]のサークルがあり、職場には何人もそういった民間教育団体に参加している人がいました。つまり地域に自主的な実践コミュニティがいくつもあって、そういうところに顔を出しては、実践を叩いてもらったりしていましたね。夏には大きな研究大会が開催され、そこには研究者も実践者もいて、2泊3日とかの合宿もたくさんあった。職員室にも実践の話を気楽にできる文化がまだギリギリ残っていたなぁって。当時は職員室でもまだお酒が飲めて、放課後に飲みながらずっと残って授業の話をしていることも確かにありました。でも、本当にあっという間に壊れたんです。「自律しない教員が求められてきた」と言うと、言いすぎかもしれませんが、官制研修がどんどんシステマティックになっていって、結果として、研修が教員の「決められたもの」「与えられるもの」という受動的なマインドを形成し、自主的・自律的に学ぶというマインドと機会が後退してしまった。これを再興していくのってどうしたらいいかなって思いますね。

風越では自治体の派遣教員を受け入れていますが、その学びの成果が、その人に紐づいてしまいがちで、「その人が実践できるようになりました。その人の実践が変わりました」という

2：板倉聖宣（1930-2018）が提唱した科学的認識論に基づく授業。仮説実験授業。「授業書」と呼ばれる独自のテキストを用いて授業が進められる。
3：遠山啓（1909-1979）らが提唱した算数の学習指導法。「一般から特殊へ」という流れを水道のしくみに例えて呼称。

ことになりやすいのですよね。変わりたいとか学びたいと思っている人たちがつながっていく場、実践コミュニティにみたいなものを学校単位ではなくて、地域や自治体単位でつくれないかなと考えています。ラーニングセンター[4]という組織内組織のチャレンジもその一つです。

寺田　職員室でお酒が飲めたという話は、父もよく言っていました。だるまストーブの上にやかんを置いてそれに日本酒をいれて熱燗にして、先生たちと授業について議論をしていたようです。夏休みも自主研修が認められていましたから、教材研究をしていて気になることがあったら、「実際にその場に行って、その人に会って話を聞いてみたい」と言って、色々なところに行っていました。5日間あったら、「そのうち3日はその土地で研修をして、残りの2日は家族旅行」みたいな。「自分で実際に見ていないものを美しいとか面白いとか子どもたちの前で話せない」とか「夏休みにそれができるのが教師の特権であり、強みなんだから使わない手はない」と言って、本当にあっちこっちに出かけていました。すごく生き生きとしていましたね。夏休み明けにその場所の授業をするときに、「先生、行ってきたんだぞ〜」って子どもたちに言える。そうやって先生が生き生きと話をしていると、子どもたちもきっと乗ってきますよね。

そういった文化を取り戻すためには、おっしゃる通り、実践コミュニティをつくることが大事だと思います。ゆるいつながりなんだけど、みんながお互いに欠けている部分を補い合い、強い部分を伸ばし合えるような環境。そういうゆるい場を行政が支援しながらつくる。これを

4：2022年5月に「軽井沢風越ラーニングセンター」を開所。「子どももおとなもつくり手であること」、「おとなも学び続けること」の実現に向けて、スクールベースの教師教育を研究・実践している（詳しくは、軽井沢風越学園ホームページを参照のこと）。

カチッとしたフォーマルな形の研修にして、全員参加を義務付けて、「コミュニティ形成研修」とか言った瞬間、台無しになりますよね（笑）。

岩瀬　台無しですね（笑）。

実は以前、某自治体に、「ラーニング・コミュニティをつくりましょう」と提案したことはあったんです。「教員たちが自主的に集まれるような学びの場を行政が応援しています」といったメッセージはすごく強いと思うんですよね。「最初の年は4、5人でも、5年10年としていくうちに徐々に増えていって、30人50人と集まるようになったら、それは自治体の教育を支えるようになる。人が変わってもその実践コミュニティと文化は残りますよ」と。実現近くまでいったのですが、結果として実現に至りませんでした。

寺田　もったいないですね。色々なところで色々な実践が生まれているし、意欲のある先生が頑張っているけど、点が線にならないし、線が面にならない。学びたい先生はいっぱいいると思いますが、どこでどうやって学んだらいいのか、何を学んだらいいのかわからない先生もいる。そういった先生方が、求めている場にきちんと辿り着けるような環境づくりが必要だと思います。

岩瀬　今の50～60代が最後の世代だと思うんですよね。戦後の民間教育運動の残り香を知っている最後の世代。ここがポンと抜けたときには、文化がガラっと変わる時期が来るんだろうなぁと思います。とにかく**今の現場は、学ぶ機会と余白のなさに尽きる**と思います。それと、エンパワーされる機会が少ないので、基本的に叩かれることが多くて、恐る恐るになってしまっている。**教師の自律性についても社会的な合意がないと難しい面もある**と思っていて、保護者も子どもとして授業を受けた経験（観察による徒弟制）があり、それが変なヒドゥンカリキュラムとしても機能して「学校や授業はかくあるもの」と身体化している。その中で変わっていく合意ってどのようにつくっていくといいんですかね。

寺田　少なくとも今、「教育が危ない、学校の先生が大変らしい、みんなで教育を何とかしないといけないいんじゃないか」という機運の合意はありますよね。ですから、これはこれでチャンスだとは思うのですが、下手をすると安直な方向に行きがちになると言いますか。「もう学校の先生なんていらないんじゃないか、オンラインで学べるんだし」「教員免許もなくして誰でも教えられるようにしたらいいんじゃないの」って。でも、そうなると、子どもたちの学びがパッチワーク的なものになってしまう危険性があると思っています。だからこそ、ラーニングエクスペリエンスデザイナーとしての教師が必要だと僕は思っているんですけどね。

それで、社会的合意をどうつくっていくか。やはり対話じゃないですかね。先ほどの**実践コミュニティの中に保護者や地域の人にも入ってもらう**ことが大事かなと思います。遠回りにはなりますけど。

岩瀬　まあ、近道はないですよね。

これからの授業を考えていく上で核となる「ラーニングエクスペリエンス」という発想

岩瀬　今、おっしゃられた、ラーニングエクスペリエンスデザイナー、本文でも少し触れられていましたが[5]、もう少し詳しく知りたいです。

寺田　ありがとうございます。ラーニングエクスペリエンスデザイナー（LXDer）というのは、一言でいうと、学習体験をデザインする人という意味です。私がアメリカで学んだプログラムで言いますと、ラーニングエクスペリエンスデザイナーには、五つのコンピテンシーが必要だと言われていて、一つめが「インストラクショナルデザインに関する深い理解」、二つめが「様々なステークホルダーと協働ができること」、三つめが「色々なドキュメントやマテリアルをつくり、プロジェクトのマネジメントができること」、四つめが「理論や原理をきちんと理解していること」、五つめが「リサーチマインドがあること」です。このうち、二つめの要素がすごく強調されています。**ラーニングエクスペリエンスデザイン（LXD）の中ではよく、子どもたちの学習を有機的につなげることが問われていて、フォーマルだけでなく、インフォーマルなものも含めて、「ラーニング・エコシステム」のコーディネーターになることが大事**だと言われています。

5：54頁参照。

インストラクショナルデザインだけだと、ともするとインストラクションに過度にフォーカスが当たり、「いかに授業をうまく行うか」みたいなものがゴールになりがちですが、ラーニングエクスペリエンスデザインだと、基本的に授業だけでは完結しないので、「どうやってその学習体験をつなげて、拡げていくか」を考えることになります。また、ベースとして学習者中心の視点になっているので、「その環境をどうつくるか」という発想になっていきます。

岩瀬　ステークホルダーと言われている人は、どういう人たちを想定しているのですか。

寺田　これは本当に幅広くて、保護者もそうですし、地域の人たち、博物館・図書館・公民館で働く人たち、さらに言えばその子の友達も含めて、**「ラーニングエクスペリエンスを届けてくれる可能性がある人たち」全部がステークホルダー**です。

岩瀬　その人たちと協働する力を先生が身につける必要があるということですか。

寺田　はい。ただ、それをどうやったら身につけられるのか、何か確立したメソッドがあるわけではありません。しかし、**マインドセットの重要性**はとにかく強調されています。自分だけで子どもたちの学びをすべてつくれるといった発想はなくして、自分ができるのはここまで、あるいは自分がやるべきことはこれで、それをどう他の人とつなげていくかを大事にして考えようといったマインドです。

例えば最初にいくつかのラーナーズペルソナ（学習者像）をつくるのですが、「その子たちそれぞれにこういうゴールを提供するのがラーニングエクスペリエンスの目指すべき方向性だ」みたいなデザインができて、それをもとに様々なステークホルダーと「私はこれができます。あなたはこれができませんか」といったコミュニケーションをする力が必要だと言われています。

岩瀬　カリキュラムをつくるときの視点が全然違いますね。自分でどんな授業をするか、に留まらないということですよね。その力と言いますか、マインドセットも含めて、日本の先生にはないなぁって感じですか。それとも潜在的にはあるんじゃないかという感じですか。

寺田　どうですかね……。一般化するのは難しいですが、日々の授業をどうしたらうまくできるかについては、みんな考えていると思うんですね。でも日々の授業と子どもたちの学び、学校外の学び、暮らし、遊び等がどういうふうにつながるのか、その発想をどこまで持っているだろうかとは思いますね。

岩瀬　学校の中だけで完結すると思っている限りは、絶対持てない発想ですよね。

寺田　そうですね。

岩瀬　特に小学校は顕著ですけど、そもそも誰かと協働して何かに取り組むこと、その機会自体がないから、個人事業主として実践してしまう。ほとんどの場合、個人で完結してしまうんですよね。風越では今、テーマプロジェクトは必ず共同設計なんですよ。でも機能するのは簡単じゃないんです。どちらかが遠慮して言えなかったり、あるいは「サポートするからね」のように相手に乗っかっちゃったり。専門性の違う人が組むよさが生まれにくいんです。**これか**

らの学校教育を考えていく上で共同設計・共同実践・共同リフレクションは核だと考えているのですが、それが難しい。これ、結構課題だなと思っています。その辺りは、どう乗り越えていったらいいんでしょうね。

寺田 やはり発想の転換が必要なんじゃないですかね。アメリカでも「子どもたちが学んだことを使えるようにならない、転移しない」ということが問題になっていますが、知識やスキルを生活の中で使えるようにするためには、一般化・概念化したものを学ぶだけでは不十分で、アウトプットすることが必要です。そしてもう一つ必要なのが、状況や文脈。つまり、職業生活や社会生活において、その知識やスキルを実際に活用する場面、それと似たような状況・文脈の中でアウトプットする機会が必要です。しかし、そうした「場」は教室の中だけでは、どうやったってつくりきれない。だから、そのような場をつくれる人たちと一緒にやらないといけないんです。**ラーニングエクスペリエンスで考えるようになると「学習体験をより豊かにするにはどうすればいいか」という発想になるので、協働せざるを得なくなります。**

岩瀬 軸を教え手から学習者に移すということですね。いわゆる学習者中心主義と言われるものを理論的に支えるもの、というイメージで間違っていないでしょうか。

寺田 そうですね。間違っていないと思います。

岩瀬 これが新しい学問だというのは、どうしてなんですか。

寺田 学習者中心主義というのは、世界的には全く新しいものではなくて、アメリカでもラーナー・センタードアプローチとかラーナーセンタードという話をしたら、「そんなの当たり前じゃん」って言われました（笑）。ただ、日本でもそうですが、いざ「手法」、つまり指導法や学習法の話になると急に合意できなくなる。学習者中心同士で喧嘩しているみたいなことが結構あって（笑）。みんな自分が主張する手法が一番優れていると思っていて、一枚岩になりきれていない。ただ、社会構成主義の視点に立てば、そもそも万能な手法なんてものは存在しないわけで。あるコンテンツ、ある子どもたち、ある状況下で、仮にその手法がハマったとしても、いずれかの要素が少しでも変われば、結果は全く違うかもしれない。こうした「ベストメソッド」に関する不毛な議論を乗り換えるために、ラーニングエクスペリエンスの発想、つまり「手法は何だっていいじゃないか。大切なのは、学習者の体験、すなわち学びをより豊かにすることだ」という考え方が生まれてきた、と言えるかもしれません。

岩瀬　日本の文脈で考えたら、どんなふうにこれが理解されたり、拡がっていくといいなという感じですか。

寺田　個人的には、**日本の先生にはラーニングエクスペリエンスデザイナーになってほしい**と思っています。アメリカはカリキュラムデザイナーもラーニングエクスペリエンスデザイナーも先生ではないことが多いですが、日本の場合はその逆で、先生が何でもかんでも抱えすぎていると思っていて。だから、ラーニングエクスペリエンスデザイナーの役割「も」先生が抱えるということではなくて、むしろ、**様々な人たちをどんどん巻き込んでいって、任せられる部**

分は任せながら、みんなでコラボレーション、オーケストレーションしていく。つまり、多様な人たちの多様な強みを活かしていくことが大切で、そんな多種多様な音色を、全体として調和のとれた心地よいハーモニーにする、その指揮者に先生がなってほしいというのが願いですね。

岩瀬 探究とかプロジェクトを実践しようと思ったら、そうならないと難しいですよね。

寺田 そうですね。ただ、ラーニングエクスペリエンスデザイン自体を先生が一人でやるというのもまた難しいので、先生の一番近くには研究者がいてほしいと思っています。研究者が実践家のマインドを持って、学校の先生が研究的なマインドを持つ。これを学習科学では「デザイン研究」と呼ぶのですが、そうやって両者の距離が縮まっていったら、お互いにラーニングエクスペリエンスデザイナーとして足りない部分を補い合えるようになるので、そんな状況をつくることが必要かなと思っています。

成長実感が教育を、社会を変える

寺田 まあでも、教育ってそんなにすぐには変わらないですからね。そもそも子どもたちの学びのプロセス自体が複雑なんだから、これをやったらすぐにこれが反応するみたいな、プログラミングみたいなものではないわけですから。その上、本文にも書いた通り、これはある種の

「社会変革」ですし。教育を変えるのはすごく大変なんだという社会的合意の下で、誰がオーケストラの指揮棒を握るのか。ＡＩではなく、プロフェッショナルな教師が握るべきなんだと。ただ一方で、だからと言って全部教師に任せていいわけではなくて、社会総がかりでやるぞと。そういうキャンペーンみたいなものを文部科学省もやったらいいのにな、と思います。「＃教師のバトン」[6]は炎上してましたけど（苦笑）。

岩瀬　いい学校、いい授業になっていくということは基本的に未知です。大きな方向性は合意できても、そこにたどり着く道はまだわかっていないので、そこはもう試行錯誤しかないんですって、そういうことをみんなで合意しながらつくっていけるようになると、随分違うと思うんですけどね。学校づくりとはプロジェクト。プロジェクトとは前に向かって投げてみることですものね。

寺田　「教師五者」って言われるじゃないですか。学者・医者・易者・役者・芸者の五者ですが、そのうちの易者。これからの世界はこうなっていくはずだ、子どもたちにはこうなってもらいたいみたいなことを語れる力が教師には必要だなと思うんですよね。

社会がこれからどうなっていくかはわからない、そんな漠然とした不安みたいなものはみんな持っているじゃないですか。それで、ともすると、トラディショナルな方向に走りたがる人たちが出てきたり、逆に、振り切ろうとして最先端の企業の人と話をしたら、「これから大事なのは、プログラミング教育です」とか言われて、よくわかっていないのに、みんなでプログ

6：2021年3月26日から文部科学省によって開始されたプロジェクト。若手教師や教師を目指す学生や社会人に向けて、学校現場の魅力などをSNSで「＃教師のバトン」のハッシュタグをつけて投稿してもらうことを目的としていたが、当初の思惑と違い、教員の過酷な労働環境の実態を訴える投稿が相次ぎ炎上した。

ラミングをやり始めたり（笑）。保護者からは、「先生なんて学校の先生しかやってないんだから、社会のことなんてわかるわけがないでしょ」なんて言われて、言葉に詰まったり……。なんでもかんでも先生方にスキルを求めすぎるのは酷だと思いつつも、世界観や未来観、社会観といったものをきちんと語れるような先生であってほしい。**「自分たちがやっているのは、社会変革なんだ」というぐらいの気持ちで、夢を語るドリーマーな先生に僕はなってほしい**なぁと思いますね。

岩瀬　僕は**学校や教室のことを25年後の社会と考えたい**と思っていて、この子たちは25年後、社会のど真ん中で社会をつくっていく側です。市民ですね。彼らは、今経験していることを25年後に再現しようとするんじゃないかという仮説を、僕は持っているんですね。だから、学校時代に「つくる経験」をたっぷりしていれば、つくることで自分やコミュニティが変わっていくというマインドを持ったまま、大人になってからもつくり手として社会に関わっていくだろうと。逆もまたしかりです。25年後の社会がこういう社会になっていたら、幸せな社会と言える、そこから考えられるといいなと思っています。漢字テストで15点が20点になったって一喜一憂するような社会で暮らすのは辛そうだなとか、でも**自分が行動することによってルールは変えられるんだとか、自分の学びや生活も変えていけるんだとか、自由度は自分の中にあるという経験をしていると、大人になったときに行動することで自分やコミュニティを変化させられるという原体験、そして社会にコミットしてみようとする原動力になるんじゃないか**なって。

そういう経験こそが学校時代の価値だと思うんですよね。

風越が異年齢を大事にしているのも**横の比較ではない価値の中で、人の違いの豊かさをたっぷり経験できていると、大人になっても違いが本当の豊かさなんだと思えるんじゃないか**なと。そういった視点から学校を考えたいと思っています。

比較の視点って本当に人の成長を縛るなぁって思いますね。年齢が近ければ近いほど、学校の物差しの数が少ないから、寺田さんも本文で書かれていましたが、全然違う価値を持っているのに相対的には下になってしまう。でもそこから自由になると、価値や好きを自分軸で探せるようになる。学校が子どもにとってそういう場所になるといいなと思いますね。

寺田 そうですよね。今の学校という場所や仕組みは、子どもたちを単一の価値観で比較して縛り上げるのに残念ながらパーフェクトなんですよね。そこから脱却するには、すごいエネルギーが必要になりますよね。

岩瀬 ドラスティックに変える必要はないと思いますが、軸が多様になっていけば変わることは結構あるなと思うので、それぐらいだったら、どの学校でもチャレンジできると思いますね。多様な価値を大事にすることが学校の真ん中に置かれることが公立でどんどん生まれてくるといいなと思います。

寺田 先ほど、先生がオーケストラの指揮棒を握るべきだと話しましたが、本当はその指揮棒を子どもも一緒に握るべきなんですよね。色々な抵抗や反発を乗り超えていくための一つの有力なオプションは、やはり子どもと一緒にやること。彼らは我々が思っている以上に色々なことが見えている。**結局一番大切なのは、子どもが「自分は成長している」と自信を持って言えること**じゃないですか。関係者間で、色々と思想や考え方の違いはあっても、そこは握れる部分だと思うので、「子どもたちが成長を実感できるよう、みんなで支援していく」、その発想が大事じゃないかなと思います。

岩瀬 **成長実感は本当に大事**ですよね。安心感だけだと陳腐になっていきますから。

寺田 いまだに経験主義か系統主義かという話がありますが、その間をつなぐものは成長だと思うんですよね。学校というのは、成長保障の場だということになれば、経験主義でも系統主義でもなく、その中間に位置するものとして学校が機能していくのではないかと思います。

岩瀬 それと教師の成長実感はリンクしますよね。そこに尽きると思います。

寺田 そうだと思います。教師が下を向いていて、できるだけトラブルを起こさないように一日を終えようと思っているような学校で、子どもたちがエネルギッシュになっている絵は想像できないですからね。

教員間の協働、コラボレーションの難しさ

岩瀬 今、風越で生まれ始めていることがあって、それは**「一旦乗っかる」**ということです。

例えば、誰かが動き出すとするじゃないですか、これまでなら、「ちょっと自分の考えとは違うな」という人は動かなかったし、議論をしても決まりきらずにその場で消えちゃうみたいなことが多かったのですが、「誰かが熱量を持って、こうしたいとかやってみたいとか言ったら、一旦乗っかろう。乗っかって一緒にやってみてから考えようよ」って。これがね、結構いいんですよ。動き出した人がエンパワーされるし、一緒に手を動かしているうちに批評のし合いではなくて、その人も当事者になっていくから、「もっとうまくやるにはどうしたらいいかな」みたいなポジティブなコミュニケーションになって、議論の質、対話の質が変わっていくんです。これまでは提案したけど、進まなかったものが、「一旦乗ろう！」という合言葉のもと、ある意味、最初の段階での価値判断はある程度棚に上げられるので、周りもすごく乗りやすくなりましたね。これは、公立でもできることだと思うんですよね。

寺田　とてもいいですね。加えて言えば、僕は**コラボレーションするなら、最初は経験単元でやった方がいい**と思っていて、いきなり国語とか数学とかの教材単元でコラボレーションするのは、なかなかハードルが高いと思っています。教科の専門性、プライドもあるでしょうし。一見、例えば数学と理科を混ぜたらいいものができそうな気がしますが、どちらも中途半端になる危険性があるので、生活や総合などで、ラーニングエクスペリエンスの発想で先生方が連携すると、自然に進むんじゃないかなと思いますね。

岩瀬　確かにあるスタッフが言っていましたね。プロジェクトは自分の教科の専門性や経験だけでつくれるわけじゃないし、相手も同様で自分の専門性だけではつくれない。一緒に対話してつくっていくことで自分だけではつくれないものができたなぁって実感したけど、教科でそれを行うのはすごく難しいって。その人の今までの経験、学んできたこと、主義の違いが問われてしまうから、対等なやり取りが難しくなってしまうみたいです。そういう意味では、**経験単元は、先生たちがコラボしたり、成長する機会として捉えるといい**かもしれませんね。カリキュラムをつくるという経験もできますしね。多くの先生は、それ自体の経験がほとんどないですから。

寺田　テスト的な評価もしなくていいので、やりやすいと思いますね。

岩瀬　でも、こんなふうにプロジェクトが機能するまでには、風越でも3年はかかったんですよ。協働することの面白さ、それが自分にとって新しいいい経験になったといった言葉が語られるようになるのに、それだけの時間がかかりました。

協働するとかコラボするというのは、一体どういうコミュニケーションなのかを理解する必要があると言いますか、練習する必要があると言いますか。敬意を持ちながらまっすぐやり取りする、ということが簡単そうで難しい。でもそれは単に経験が足りないだけだと思っていて、そもそもこういうことって、これまで教師に明示的には求められて来なかったと思うから。そういうコミュニケーションがもともと得意な人はすぐできるけど、苦手な人はそこで沈んでしまう。でも苦手な人もトレーニングは可能だと思うので、**どういうコミュニケーションがより**

コラボを促進するかといったことは、結構大事そうですね。

中学校の先生の方がそういうコミュニケーションが上手な気がしています。なんでだろう……。きっと中学校の先生の方がチームで動く経験をよくしているからですかね。小学校の先生は、学級王国で全権限が自分の手元にあるので、コラボしなくてもやれるという経験は結構強力かもしれませんね。

寺田 なるほど。確かに経験とスキルは大切だと思いますが、加えて、コラボの質って、そもそものタスクの質、つまり、ゴールとタスクをどう設定するかに結構大きく左右される気がします。例えば単にきれいなカリキュラムマップをつくるためのコラボレーションだったら、「この単元とこの教科がつながるから、ここに矢印を引っぱって……」って、単なるパズル遊びみたいなコラボになりますよね。でも、本気でプロジェクトを動かそうと思ったら、自分一人ではできないという必然性が生まれます。そういう、**コラボレーションをする必然性のあるタスクを設定することも重要**だと思いますね。

岩瀬 僕ね、コラボレーションってもっと簡単だと思っていたんですよ。でも、「難しいよな。それは、そうだよな」と思い直しています。学校づくりって、まちづくりみたいなもので、ビジョンを掲げたらそこに向かってまちが一気にできあがっていくみたいなことって絶対にないじゃないですか。そこに関わっている人たちは色々な価値観を持っているわけだから。こっちかな、あっちかなと思いながら手を動かし続けることでしかつくられていかないんだなぁって。

寺田 でも、スタッフみんなで大きなビジョンは、共有できているわけですよね。

岩瀬 それがようやく自分とのつながりが持ててきているという感じですね。そこのつながりを感じるのってやはり子どもの姿なんですよ。教員は特にそうですね。現れた子どもの具体的なエピソード、「自分たちが大事にしたい姿って間違いなくあれだよね」というもの。言葉だけでビジョンを共有するのって結構難しいんですよ。人によって思い描いていることが全然違ったり、解釈が違ったりするるので。でも、**エピソードベースで話していくと、「ああ、大事にしたいこととこうつながっているんだね」ってなりやすい。**ようやくそういったエピソードがポコポコと見えてきていて、「あれだよね」ってみんなで指させることが増えてきたことが大きいですね。

コラボに関してもそうで、昨年、ある二人が取り組んだプロジェクトなのですが、一つはうまくいかなくて、終わったときに、「私はこういうことをやりたかったわけじゃないんだ。パートナーはすごくサポートしてくれたけど、ほしかったのはサポートじゃない。一緒につくりたかったんだ」って。それでももう一つのプロジェクトのスタートのときに、「私はこういうつくり方をしたい」って伝えていました。それをパートナーがしっかり受け止めてくれて、お互いに「一緒にやってよかったね」って。そういうことが生まれたときに、それを見ているスタッフもいて、「ああ、ああいう感じなんだな。ああいう風にやるとあそこまで到達できるんだな」って。そうやって**指させる具体例、エピソードが生まれると、自分たちもああいう風にプロジェ**

クトをつくっていきたいよねってなる。それまでも共同設計、協働が大事って散々言ってきたんですよ。でも実感が伴わなかった。ビジョンだけだったのが、あの感じに自分もなれるといいなってなったときに強くなる。でも、3年かかります（笑）。

寺田　広島叡智学園の開校準備のときに、自分もモヤモヤしていたのは、「どこまでビジョンで引っ張れるか」ということでした。言葉ってすごく大事じゃないですか、でも反面すごく危ないなぁとも思っていて。

例えば、「個別最適な学び」と言った瞬間に、何となくみんなで合意できているような雰囲気はできあがります。でもそれで走り始めると、どこかでやっぱりうまくいかなくなる。今、岩瀬さんがおっしゃったように、**大事にしている情景とか子どもの姿とかを語り合って共有できるようにしていかないと危ない**ですよね。でも、そういうことって、すごく時間がかかります。

岩瀬　風越は今、同じ状況、エピソードを喜べる人が増えたなと思います。例えば、ある子が、スタッフの目の前で友達に手を出しそうになった場面があったんです。二人ともちょっと興奮気味。僕は少し離れたところから見ていましたが、そのスタッフは見守っている。すると、別の子がスーと来て、「ちょっと待って、1回座って。たたいちゃダメだよ。なんで、たたこうと思ったの。気持ちちゃんと言葉にした方がいいよ」って。その子を抑えながら、「ちゃんと言葉にしないと相手わかんないよ」っていうのを20分ぐらいやっていたんです。その間、スタッフは遠巻きに見ながら、ずっと待っていた。その後、何か別の面白いことがあったみたいで、二人でゲラゲラ笑い始めて何となく問題は解消したみたいなシーンがありました。そのシーンを見ていた数人のスタッフで「大事なシーンだったね」って。

今までの僕だったら、すぐに止めに入っていますが、そのスタッフは子どもたちだけでいけると思ったんじゃないかな。自分たちできあい、解決できるという大きな経験で、僕らが目指しているのはあの感じだよねって。そのために僕らは日々どう実践していけばいいのか考えられる。そういう**大事だと指させるシーンに出会ったときには、立ち止まって考えるきっかけが生まれます**。未来への種みたいなもの、そういう小さな種みたいなものはどの現場でも常に起きているはずだから、その種がなんでいいと思ったのか、立ち止まってみると、大事にしているものが見えてくると思いますね。それとビジョンを行ったり来たりする感じです。そうやってビジョンを鍛えていく、豊かにしていく感じ。でも、それはご指摘の通り、すごく時間のかかるアプローチです。

教師の専門性って何?

岩瀬　教師の専門性って改めて考えるとすごく複雑ですよね。一言で明示的に言えるものではないなぁって思います。知識やスキルも当然重要ですし、磨き続けるものだと思いますし、本当に多岐にわたりますよね。学習者観と言いますか、子ども観、学び観が根底に必要ですし、子どもをコミュニティをどういう存在として捉えるかは外せない核だと思います。また、先ほどの協働も専門性の核だと最近、特に思うんですよね。シンプルに言えば、学び続けられるということだと思いますが、どこかでこれまでの学びの経験を捨てられるとか、一旦脇における
ことも大事そう。あとは、基本的にご機嫌でいることがすごく大事だったりするんですよね。

さらに言うと、仕事のときの自分とその奥にある「自分自身」みたいなものがあるじゃないですか。そこがきちんとつながっていることも結構大事で、自己理解という言葉はあまりしっくりこないですが、自分は何を本当に大事にしているのか、みたいな。私自身と外に出ている私がつながっているかどうか、ここに乖離があるとつらいと思います。対人援助の仕事って振る舞いだけでは超えられない仕事だから、その人自身がやはり出てくるし、その人自身が伝わっている、スキルでは超えられないところもあるなぁって。

寺田　どれぐらい一般化できるものなんですかね。コラボレーションが前提だと考えたら、あまり一般化できなくなりますよね。強みと弱みを補完し合う関係になると考えたら、今、おっしゃられたもののうち、これはこの先生は持っているけど、これはこの先生は持っていないというケースが出てくる気がします。ですから、ソロワークとコラボレーションのバランスの取り方によって、専門性の一般化の度合いと言いますか、求めるものの度合いも変わってくるように思います。でも例えば、医者だったら、ゴールは病気を治すことですよね。先生だったら、

子どもたちを成長させられること。一言でいうと、そうなるんですかね。

さらに言えば**「目と腕」**。子どもたちの変化や状況を誰よりも見取れる目、それに対してどういうふうに関われるかという腕。先生方にはこの二つを持っていてほしいと思いますが、それもまた要素分解していけば、色々とあると思いますし、さらに大きな問題は、子ども観や学び観によっては、割と何でも「成長だ」と言い張れてしまうことかもしれません。

岩瀬　子どもを見る目って、**「観察と解釈」**じゃないですか。そこの精度が高まることは圧倒的に大事で、現象だけでなく時間軸で見ること、この時間軸の中でどう解釈したらいいか、その中でより自由になるための関わりってどういう関わりなのかなって、見取りとつながったスキルは大前提として必要ですよね。それが上手くいったかどうかは、その子の成長につながっているかでしか判断できないと思いますが。

コラボの話とつながるかはわかりませんが、僕が先生方に持っていてほしいと思っているのは、**「関心と関与」**です。他者の実践、取り組みやそのシーンに関心を持つこと。関与は、先ほどの「一旦乗っかろう」という話と同じで、誰かの動きとかに乗っかって一緒につくるみたいな気持ち、マインドですね。それを持っていないと学校はつらい職場だろうなって。僕の中では、その二つは専門性の大事な部分だと思いますね。やはり、関心と関与がないと、お互いから学び合うとか高め合うとか、一緒によくなっていくみたいなことが起きないから、それを専門性にしておかないと学校がよくなっていかないなぁって思うんですよね。みんなが持っていなくてもいいのかもしれませんが。

すごい理想論で言えば、研究授業とかやらなくても、日々の授業の中でそういうことが起きているといいなと思いますね。

寺田 それこそ、先ほどの戦後の教育の一時代ってそれに近いものがあったのではないでしょうか。

岩瀬 そういう文化って、本当、どうしたらまた生まれるのでしょうね。リソースは用意できても、外から操作的に専門性を高めることなんてできないですし。

寺田さんがおっしゃったように、教師の自律性を徹底的にサポートするしかないのかもしれませんね。それと十分なリソースがあるということだと思いますね。

寺田 最近考えているのが「**D→2E→E**」という図式です。入口のDはDialogue、つまり対話。そして対話の先にある2EがEncouragementとEmpowerment。信頼して挑戦を後押しし、力と自信を付けてもらうこと。それができると、最後のEであるEngagement、つまり仕事への本気の関与が生まれる。これ、教師のことを考えてつくったのですが、子どもたちの学びも同じですね。そして、「これにつながることをする」、逆に言えば「つながらないことはしない」というのが、教育行政の大きな役割のような気がしています。

私も、子どもにとっても教師にとってもそんな環境がつくれるように、これからも頑張っていきたいと思います。本日は、貴重な機会をありがとうございました。

岩瀬　こちらこそ、ありがとうございました。

２０２３年７月20日　軽井沢風越学園（第13回アウトプットデイ）にて収録。

対談を終えて（写真左から岩瀬直樹、寺田拓真）

[著者紹介]

寺田拓真（てらだ・たくま）

広島県総務局付課長、福山市教育委員会学校教育部参与。1981年神奈川県秦野市生まれ。ミシガン大学教育大学院修士課程修了（2022年、学習科学・教育テクノロジー専攻）、早稲田大学法学部卒（2004年）。2004年に文部科学省に入省し、教育改革の司令塔、教育投資の充実、東京オリンピック招致などを担当。2014年より、広島県教育委員会に籍を移し、学びの変革推進課長として、教育改革の企画立案と実行、県立広島叡智学園中・高等学校の創設、ふるさと納税を活用した寄附金制度の創設、高校入試制度改革、高校生の海外留学促進などを担当。2021年には、立命館アジア太平洋大学（APU）の特別研究員も務める。3児の父。

元文部科学省キャリア官僚が問う！

教育改革を「改革」する。

2023年12月25日　初版第1刷発行

2024年9月30日　　第2刷発行

著　者　寺田拓真

発行者　鈴木宣昭

発行所　学事出版株式会社

〒101-0051　東京都千代田区神田神保町1-2-5

TEL：03-3518-9655／URL：https:/www. gakuji. co. jp

編集担当　加藤　愛

装丁・本文デザイン　弾デザイン事務所

印刷製本　精文堂印刷株式会社

ISBN978-4-7619-2977-0 C3037